Espasa Práctico
haz tu vida más fácil

El **ALCOHOL,** *un* **AMIGO DE CUIDADO**

Espasa Práctico
haz tu vida más fácil

El ALCOHOL, un AMIGO DE CUIDADO

J. Ignacio de Arana

ESPASA

ESPASA PRÁCTICO

Diseño de cubierta de la colección: Juan Pablo Rada
Diseño de interiores de la colección: Herederos de Juan Palomo
Imagen de cubierta: Image Bank

Depósito legal: M. 13.508-2001
ISBN: 84-239-2463-7

Espasa, en su deseo de mejorar sus publicaciones, agradecerá cualquier su-
gerencia que los lectores hagan al departamento editorial por correo electró-
nico: sugerencias@espasa.es.

Impreso en España/Printed in Spain
Impresión: UNIGRAF, S. L.

Editorial Espasa Calpe, S. A.
Carretera de Irún, km 12,200. 28049 Madrid

Para Mercedes, como todo.
Y para Almudena, Mercedes, Ignacio y Rodrigo

Índice

Agradecimientos

Para la elaboración de un libro como éste no era suficiente con apelar a mi propia experiencia en el trato profesional mantenido con los jóvenes y los adultos con problemas derivados del consumo de alcohol. Eso apenas daría para unas pocas páginas, que, además, quizá pecaran en algunos aspectos de excesivo subjetivismo.

Por ello, para esta labor he recurrido a la búsqueda y revisión de una amplísima documentación, que es el fruto de un largo y detallado trabajo llevado a cabo por múltiples instituciones dedicadas durante años a estudiar la inclinación de los individuos hacia la bebida. Unas lo han hecho porque ésa era su misión establecida por el ordenamiento institucional español; otras son puramente vocacionales y actúan como organizaciones no gubernamentales, dedicándose a cubrir algunos aspectos de esa cuestión dejados de lado por otras instancias, o a completar el trabajo de aquéllas con medios y parámetros de valoración distintos.

De todas ellas he recibido amplia y amable colaboración. Me han facilitado sus documentos y resultados, que son los que me han servido para escribir este libro, y muchos de ellos son citados textualmente porque los he considerado inmejorables. Es una lástima que la labor de muchas de estas instituciones públicas o privadas no tenga una mayor difusión en nuestra sociedad y principalmente entre nuestros jóvenes. Si este libro contribuye en algo a su conocimiento, yo lo consideraría un valor añadido de especial importancia.

El Ministerio de Sanidad y Consumo ha editado numerosas publicaciones a través de varios departamentos, entre los que destaca el Instituto de Salud Carlos III. Las *Fichas informativas sobre alcohol y alcoholismo* son muy didácticas y demostrativas. También el CIS (Centro de Investigaciones Sociológicas, dependiente del Ministerio de la Presidencia) ha desarrollado notables trabajos realizados por medio de encuestas tratadas con rigor científico y con resultados muy sugestivos.

Algunas Comunidades han publicado también textos muy valiosos. Por ejemplo, la de Extremadura tiene uno titulado *El alcohol te dejará solo,* que resume con gran claridad los errores más extendidos en nuestra sociedad con respecto al uso de bebidas alcohólicas.

Pero quizá sea la Comunidad de Madrid y su Consejería de Salud la institución pública que, a mi juicio, ha desarrollado más interesantes estudios sobre los problemas relacionados con el consumo de alcohol. Así, por ejemplo, en lo referente a la juventud, la Dirección General de Prevención y Promoción de la Salud, dependiente de esa Consejería, ha publicado los documentos titulados *La cultura del alcohol entre los jóvenes de la Comunidad de Madrid* y *Alcohol y salud. Informe sanitario dirigido a la comunidad escolar,* que han sido ampliamente utilizados para este libro.

La Consejería de Integración Social, por medio del Plan Regional sobre Drogas, ha publicado, en colaboración con el Instituto de Salud Carlos III, el *Estudio sobre el consumo juvenil de bebidas alcohólicas en la Comunidad de Madrid,* de extraordinaria importancia y también muy utilizado por el autor.

Entre las instituciones privadas adquiere excepcional relevancia INESIBA (Instituto Español de Investigación sobre Bebidas Alcohólicas), cuyos Puntos Programáticos aparecen recogidos en uno de los anexos de este libro. A su Comité Científico Asesor pertenecen prestigiosos médicos y psicólogos. Todas las publicaciones de esta institución pueden solicitarse a la dirección de INESIBA: c/ Comandante Zorita, 6, 1.º, 28020 Madrid.

Mi agradecimiento también a otras muchas publicaciones, periódicas o no —que sería imposible enumerar aquí—, que han sabido resaltar las circunstancias y las consecuencias del consumo de alcohol por parte de los jóvenes y los adultos, y con ello me han sido muy útiles a la hora de plantearme una visión de conjunto del problema. La mayor parte se incluyen en la bibliografía.

Introducción

El alcohol, un amigo

El alcohol, su consumo como bebida, ha estado unido a la vida del hombre desde las épocas más remotas, como tendremos ocasión de conocer en un capítulo de este libro. Junto con el agua como principal recurso contra la sed, necesidad puramente biológica, los líquidos con contenido alcohólico han sido las bebidas más utilizadas en todos los tiempos y lugares y todavía lo siguen siendo. Esa universalidad en el consumo de alcohol nos obliga a ser cautos a la hora de demonizar sin más un hábito humano que en la inmensa mayoría de las ocasiones se desarrolla dentro de unos límites perfectamente tolerables, no dañinos para el organismo de la persona ni para las estructuras sociales en que se desenvuelve el quehacer cotidiano de esa misma persona.

El alcohol, tomado en su justa medida —el problema radica en establecer los límites, a veces estrechos, de ésta—, ha sido, es y será un amigo del hombre, al que ha proporcionado innumerables momentos de sano placer, ha fomentado la relación social y en no pocos casos la creatividad, benefactora al cabo de toda la sociedad. Pero hay que advertir, eso sí, que se trata de un amigo con el que es necesario mantener una relación recelosa; en definitiva, un amigo de cuidado que nos puede dar serios disgustos y hasta arruinar la vida si no sabemos mantener con él las debidas distancias y precauciones.

No obstante esta advertencia, a cuyo reforzamiento va dirigido de manera primordial el presente libro, será bueno que comencemos con unos comentarios sobre las facetas amables que adornan el consumo sensato de alcohol.

Quizá uno de los científicos que mejor han estudiado todo lo referente a la bebida humana —se entiende, la bebida alcohólica— desde el punto de vista psico y sociológico, fundamental para su perfecta comprensión sin trivializaciones ni dogmas exclusivistas, sea el profesor José Luis Pinillos, miembro destacado de INESIBA, una institución que citaré mucho en las páginas siguientes y cuyos puntos programáticos incluyo en uno de los anexos.

Éstas son algunas de las expresiones del profesor Pinillos:

> La ingesta normal de alcohol ni siquiera se caracteriza por ser siempre moderada o ligera en su cuantía; de hecho, el bebedor normal puede cometer algún exceso esporádico sin que ello le provoque conflictos personales serios ni, menos aún, le empuje por la pendiente del alcoholismo. Lo propio de la bebida normal es que la ingesta de alcohol se inscribe en el ámbito de un comportamiento socialmente aceptado, es asumida personalmente de un modo espontáneo sin conflictividad de ninguna clase, a diferencia de lo que le ocurre al bebedor problemático. En pocas palabras: *el bebedor normal posee la bebida, mientras que el bebedor problemático es poseído por ella*[1].

En otro lugar de su obra, libro fundamental cuya lectura recomiendo encarecidamente a todo aquel que quiera adentrarse en este asunto con las ideas claras y el apoyo serio de un investigador del máximo prestigio, el profesor Pinillos dice:

> La vida humana tiene sus sístoles y diástoles y momentos en los que el pensamiento debe reposar, dejando que la

[1]   Citado por M. Pascual Faura en «Algunas reflexiones sobre el alcohol», *Diario ABC*, Suplemento Vinos'86, diciembre 1986, pág. 12.

razón descanse y el espíritu se hunda en la vitalidad y en lo inconsciente. El hombre es racional, pero no pura razón. Es, como dijo Ortega, *razón vital*. El ser humano debe frenar de vez en cuando, con discreción, la supremacía del entendimiento, la tensión de la inteligencia en su propia formalidad. Esto ocurre en las fiestas, donde los sentimientos se vivifican. Así se ritualizan las sociedades, los lazos interpersonales se estrechan, se fomenta la solidaridad y caen barreras que se oponen al encuentro. Se abren las sociedades y se atenúa la acción robotizante de la civilización técnica. Con el fin de alcanzarlo, diversos son los medios a utilizar: uno de ellos, en nuestro mundo, es el alcohol. Ni es el único medio ni está libre de riesgos; pero en nuestra civilización la historia de la bebida es lo suficientemente antigua como para no encontrarla entremezclada con el tejido de la propia existencia, en lo bueno y en lo malo, incapaz *per se* de adoptarse ante ella una actitud unilateral.

Es innegable que los refuerzos simbólicos que se asocian a la bebida y las promesas que connota —virilidad, éxito social, brillante comportamiento, bienestar, euforia, seguridad, etc.— pertenecen real y efectivamente al ideal de vida del hombre moderno. Con esto decimos que la bebida humana es conducta instrumental, que la sociedad prescribe como buena para su sistema de refuerzo. Se bebe a veces no porque sí, por las repercusiones fisiológicas placenteras, sino muy preponderantemente por la valoración sociocultural o económica que se atribuya a sus consecuencias. Se bebe lo que se bebe porque bebiéndolo se creen obtener los efectos y consecuencias que se desean.

Cada quién bebe por y para algo que desea conseguir. (...) La mayoría bebe para lograr algo que excede del mismo beber. Son los menos los que terminan bebiendo por beber, compulsivamente, víctimas de la adicción. De los que beben más de la cuenta, una porción importante lo hace como resultado de algún problema cuya causa es ajena a la bebida misma.

La verdad suprema es que, mirando las cosas con objetividad, la gran mayoría de personas que consumen bebidas alcohólicas practican una bebida normal, que no interfiere en el trabajo ni perturba las relaciones interpersonales, ni destruye la vida familiar, ni desencadena episodios psiquiátricos, ni provoca conductas delictivas[2].

Numerosos han sido a lo largo de la historia los elogios que ha recibido la bebida moderada de alcohol por parte de escritores y personajes a los que hemos de reconocer la mayor autoridad a la hora de educar las costumbres de nuestro comportamiento social por los siglos de los siglos. No deseo hacer aquí —ni sería posible para los fines y la extensión de este libro— ni siquiera un breve resumen de ese amplísimo catálogo de textos que nos hablan de cómo el alcohol puede ser un buen amigo del hombre si éste sabe «conversar» con él y no dejarse arrastrar por sus ocultos arrebatos de posesión. No obstante, sí mencionaré algunos que pueden estimular a quien los lea a la búsqueda de otros muchos y, entre todos, tener una correcta visión de algo que sólo a veces —aunque siempre serán demasiadas— se puede convertir en un problema.

La *Biblia,* en el *Libro de los Salmos,* y concretamente en el número 104 de éstos, hace el quizá más conocido elogio de la bebida: «El buen vino alegra el corazón del hombre». Debiendo entenderse por «corazón» la total afectividad del hombre, y por «buen vino», al buen y consciente bebedor.

Otro libro bíblico, el *Eclesiástico,* que también se denomina por los judíos *Libro de la sabiduría de Jesús Ben Sirá,* mezcla los elogios con los avisos de peligro; así, podemos leer en su capítulo 31:

---

[2]   «La bebida, un rito social vitalizante», *Diario ABC,* Suplementos Vinos'86, diciembre, 1986, págs. 7-9.

Con el vino no te hagas el valiente
porque a muchos ha perdido el vino.
El horno prueba el temple del acero,
así el vino a los corazones en disputa de orgullosos.
Como la vida es el vino para el hombre,
si lo bebes con medida.
¿Qué es la vida a quien le falta el vino,
que ha sido creado para contento de los hombres?
Regocijo del corazón y contento del alma
es el vino bebido a tiempo y con medida.
Amargura del alma, el vino con exceso
por provocación o desafío.
La embriaguez acrecienta el furor del insensato hasta
                                        [su caída,
disminuye la fuerza y provoca las heridas.

Hipócrates, el padre de la medicina, cuyas normas sanitarias fueron seguidas sin discusión durante muchos siglos en todo Occidente, primero en el mundo grecorromano y más tarde tanto en el mundo cristiano como en el musulmán en los que aquél se dividió, aporta varios usos medicinales del vino, al que en muchas de sus obras dedica grandes elogios. Veamos algunos, que, desde luego, desde la perspectiva de nuestros conocimientos científicos actuales nos parecerán absurdos y hasta repugnantes en algún caso, pero que fueron tenidos por canónicos por muchos médicos que, además, lograrían curar algunas enfermedades con tales prácticas:

El médico de Cos prescribía el vino a los hidrópicos y afirmaba que el vino de Creta curaba el tétanos. Las heridas debían ser cicatrizadas con vinos aromatizados (un precedente de la desinfección alcohólica). Mezclando vino con riñones de asno secos y pulverizados se curarían ciertas enfermedades de la vejiga. En general, Hipócrates consideraba el vino como un antídoto contra los peores venenos, desde la cicuta hasta la mordedura de serpiente y el envenenamiento por setas. El entusiasmo hipocrático por las virtudes del vino le llevó a escribir en uno de sus célebres *Aforismos* que todo hombre sano debe emborracharse por lo menos una vez al mes.

Por último, para cerrar este obligadamente corto friso de citas, traigo a colación las palabras, siempre atractivas en su lectura, de uno de nuestros más grandes autores renacentistas, Fernando de Rojas. El escritor talaverano pone en boca de Celestina este apasionado elogio del vino:

> En invierno, no hay tal encalentador de cama, que dos jarrillos de éstos que beba cuando me quiero acostar, no siento frío en toda la noche: de esto aforro todos mis vestidos cuando viene la Navidad, esto me calienta la sangre, esto me sostiene continuo en mi ser; esto me hace andar siempre alegre; esto me para fresca. De esto vea yo sobra en casa, que nunca temeré el mal año, que un cortezón de pan ratonado me basta para tres días. Esto quita la tristeza del corazón, más que el oro y el coral; esto da esfuerzo al mozo y al viejo fuerza; pone color al descolorado, coraje al cobarde, al flojo, diligencia; conforta los cerebros, saca el frío del estómago, quita el hedor del aliento; hace potentes los bríos; hace soportar los afanes de las labranzas a los cansados segadores; hace sudar toda agua mala; sostiénese sin hundir en el mar, lo cual no hace el agua. (...) No tiene sino una tacha, que lo bueno vale caro y lo malo hace daño[3].

El alcohol, un amigo... de cuidado

En ocasiones, unas pocas cifras son tan significativas y sobrecogedoras que obligan a que cualquier persona que tenga conocimiento de ellas dedique una parte de su tiempo a meditarlas y a partir de ahí se plantee la po-

---

[3]   F. de Rojas, *Celestina*, Espasa Calpe, Madrid, 2000.

sibilidad de actuar de algún modo sobre los hechos que representan.

Los últimos datos disponibles corresponden a la *Encuesta domiciliaria sobre el consumo de drogas*, realizada en 1997 por la Delegación General del Plan Nacional contra Drogas (DGPNSD), donde se recogen las siguientes cifras:

- El 89,9 % de los españoles con edades comprendidas entre los quince y los sesenta y cinco años ha tomado alguna bebida alcohólica a lo largo de su vida.
- El 23 % de la población es bebedora habitual, y de este número un 9,9 % consume por encima de los límites de riesgo según los criterios de la Dirección General de Salud Pública (más de 87,5 centímetros cúbicos de etanol puro al día).
- El grupo de los varones es el que más días bebe (13,6 días/mes), con predominio de los grupos de edad comprendida entre los cuarenta y los cincuenta años.
- Los jóvenes concentran su consumo en los fines de semana, y los adultos lo hacen a lo largo de la misma.

En España, el alcohol es el responsable del 46 % de los homicidios, el 40 % de los accidentes de tráfico y el 25 % de los suicidios consumados o en grado de tentativa con graves autolesiones.

En esa misma *Encuesta* encontramos otras cifras llamativas.

- De quienes afirman haber consumido alcohol en el último año, el 75 % reconoce no haberse emborrachado nunca.
- El 12 % al menos una vez al año.
- El 9 % una vez al mes.
- El 4 % una vez a la semana.

Del total de la población española, bebedores y no bebedores, el 1,1 % (¡291.000 personas!) se embriaga a diario. El perfil sociodemográfico de los que se embriagan es el de un varón de edad comprendida entre los diecinueve y los veintiocho años, bebedor diario o de una o dos veces por semana. Entre estos últimos predominan los jóvenes.

Éste es el caso de ese 70 % de jóvenes españoles con edades comprendidas entre los catorce y los diecinueve años que declaran beber alcohol al menos de forma ocasional, y muchos de ellos, seis de cada diez, dicen haberse embriagado al menos una vez. Son cifras abrumadoras que no pueden quedar en la frialdad de unos datos estadísticos. Significan que una mayoría de los jóvenes se relacionan más o menos habitualmente con una sustancia que algunos investigadores colocan en parangón con las drogas y que, de cualquier manera, constituye un factor de riesgo para su salud física y mental y para su seguridad.

Asistimos hoy día en España a la proliferación de unos modos de comportamiento juvenil que giran casi de forma exclusiva alrededor del consumo de alcohol en grupo y durante las horas nocturnas de unos determinados días de la semana: las noches de viernes y sábados. Parece una moda imparable; resistirse a ella le supone al joven casi la marginación de su grupo de amigos en una edad en la que la pertenencia a ese grupo representa la afirmación de su personalidad.

Las modas surgen de manera misteriosa, aunque en su nacimiento influyen poderosamente la fuerza de la publicidad y la falsa imagen de que lo «actual» es siempre mejor que lo tradicional. Aún habría que añadir a estos factores una condición que parece caracterizar a la sociedad moderna, tanto en nuestra patria como en el resto del mundo. Me refiero al gregarismo; a esa tendencia a hacer lo que hacen los demás sólo por eso mismo: porque lo hacen «todos». Curiosa o paradójicamente, esto sucede en la misma sociedad que exalta el individualismo, el principio según el cual cada persona es absolutamente libre de hacer lo que quiera sin tener que regirse por normas preestablecidas. Claro que las normas más condenadas al olvido y a la desobediencia son las que forman el entramado moral, ético, de esa sociedad.

La falta de patrones ejemplares de conducta junto con el gregarismo conducen al principio fundamental que se quiere imponer: todos somos iguales. Pero las únicas sociedades uniformes, y aun esto de modo relativo, son las de los animales. En la sociedad humana ha regido siempre un principio de selectividad que las ha hecho progresar a través del ejemplo de unos pocos que supieron elevarse sobre el comportamiento y la forma de pensar de los más.

El consumo de alcohol por los jóvenes se propicia por todos estos factores que acabo de comentar y aun se le añaden algunos otros:

- La falta de opciones para ocupar de otro modo el ocio de la juventud.
- La necesidad de establecer unos límites de su personalidad separadores frente a la de los adultos, y de hacerlo, además, de forma transgresora con respecto a lo que esos adultos esperan de ellos.
- La escasez de temas de conversación, favorecida por una educación pobre tanto en los centros escolares como en la familia, lo cual hace que se sientan mejor en un ambiente bullicioso y ensordecedor que en otro en el que «no sabrían de qué hablar».
- El efecto «liberador» que el alcohol posee sobre las inhibiciones, con el consiguiente sentimiento de libertad, si bien este efecto es muy transitorio y

pasa enseguida al bloqueo de las funciones superiores del cerebro.

En cualquier caso, el hecho cierto es que una buena parte de los jóvenes menores de veinte años consume alcohol, y lo más preocupante es que lo hacen desde la ignorancia. No saben qué toman en realidad; no saben los efectos perjudiciales que esa bebida puede tener para su organismo y para su mente; no saben ni siquiera por qué beben; y, desde luego y sobre todo, no saben cómo salir de ese círculo que, a semejanza del símbolo esotérico del *ouroboros*, es una serpiente que se muerde a sí misma la cola.

Frente a este cúmulo de ignorancias, en el que quizá haya que buscar el verdadero origen de todo el problema, no cabe otro sistema de ayuda que la educación o, al menos, la información. Poner ante los ojos de los jóvenes y los adultos el mayor número posible de datos sobre la realidad del alcohol y esperar a que ellos mismos reaccionen. Porque de lo que no puede cabernos ninguna duda es de que al menos esos muchachos y muchachas cuentan en su interior con una fuerza insuperable, si se sabe poner en marcha: las ganas de vivir. Y como se expresa muy bien en uno de los modelos publicitarios que han ideado las autoridades sanitarias para su campaña antialcohólica, *beber no es vivir*.

El interés primordial de este libro es reunir en unas cuantas páginas la mucha información que se encuentra dispersa y habitualmente fuera del alcance de la población sobre el alcohol como producto natural, su uso humano como bebida, sus efectos beneficiosos y perjudiciales, los modos en que los individuos se relacionan con él y los consejos que pueden darse a quienes buscan otras formas de comportamiento personal y social menos enajenantes.

Si tuviéramos que resumir las directrices que plantean todos los que dedican su atención al problema del alcohol, y que son también las que pretendo que destaquen en este libro, podríamos enumerar las siguientes:

- *Alcohol es igual a alcohol,* esto es, cualquier clase de alcohol tiene los mismos efectos, y hasta la más pequeña cantidad que ingresa en el organismo produce alguna alteración de su estado normal.
- *Los más jóvenes no deben beber absolutamente nada de alcohol.* Y se entiende por más jóvenes a los menores de dieciocho o veinte años.
- *El consumo de alcohol a partir de esas edades,* aunque sea durante las comidas o en el contexto de la actividad social, *debe ser siempre moderado.*
- *El alcohol no debe suplir jamás,* en ninguna circunstancia, *a otros métodos* de entablar relaciones humanas ni de estimular las propias capacidades intelectuales o afectivas.

En cuanto a los problemas que el consumo de alcohol crea en el ámbito familiar, creo conveniente reproducir el texto que Xavier Ferrer, de la Asociación para el Bienestar y la Salud, incluye con referencia a España en el Informe para la Unión Europea titulado *Problemas por el alcohol en la familia,* que publican conjuntamente la Comisión Europea, la Dirección General V y la Agencia Antidroga de la Comunidad de Madrid:

La extensión del consumo de alcohol está causando no sólo un gran número de dependientes del alcohol y de enfermedades y muertes relacionadas con el mismo, sino también un daño significativo a toda la sociedad y especialmente a aquellos más cercanos al alcohólico, concretamente a sus hijos y cónyuges.

Estos problemas para la familia incluyen, entre otros, daño por alcohol en el feto, abuso y abandono de los niños, alteraciones muy graves de las relaciones familiares y violencia doméstica. Para enfrentarse a esta situación, se debe actuar del siguiente modo:

– Se necesita un sistema de información permanente que controle los indicadores básicos seleccionados, para así evaluar y controlar el daño relacionado con el alcohol en la sociedad. Estos indicadores no deberían limitarse a los datos sobre la salud, tales como los dependientes del alcohol en tratamiento, las enfermedades o la muerte, sino que tienen que incorporar indicadores relacionados con el daño en la familia, como, por ejemplo, los casos de abuso y abandono de los niños, otros problemas causados a los niños, violencia con las mujeres, número de niños huérfanos por muertes relacionadas con el alcohol, etc.

– Las principales categorías de profesionales implicados en la prevención deberían llevar a cabo una pronta detección o intervención en los daños relacionados con el alcohol en la familia antes mencionados, [y para eso] deberían recibir una formación básica durante su período obligatorio de formación en su escuela o universidad. Nos referimos a médicos, trabajadores sociales, psicólogos, oficiales de policía, profesores, enfermeras y demás. Aun cuando esto ya se haya hecho en un gran número de universidades, la situación es bastante irregular y variable y no se garantiza una provisión de formación básica en muchos sitios.

– Se debería garantizar un apoyo social y psicológico adecuado a los familiares (especialmente los hijos) afectados por el comportamiento de un bebedor problemático. En España dicho apoyo puede darse en los servicios de alcoholismo, la red de salud mental, servicios sociales y otros organismos. En algunos casos ya se ha dado el cuidado apropiado, pero en otros muchos no es posible encontrar una ayuda gratuita apropiada. En otros tipos de servicios hay una mala coordinación.

– La prevención de daños relacionados con el alcohol tiene que ser una prioridad principal y no sólo ha de estar escrita. Por ejemplo, hay en España una gran y creciente preocupación por la violencia hacia las mujeres, y se están tomando medidas para apoyar a las víctimas y castigar a los agresores. Pero no se ha dicho nada de la prevención de dichos casos, por ejemplo mediante el pronto tratamiento del abuso de alcohol que es en muchas ocasiones la raíz de la violencia.

  — Ninguno de los puntos anteriores será posible sin la participación y el compromiso de las autoridades nacionales, regionales y locales. En la misma corriente, las ONG tanto de los sectores del alcohol como de la familia tienen que estar profundamente implicadas en la reducción de daños relacionados con el alcohol hacia los niños y familias, tanto a través de sus programas de prevención y de cuidados como presionando a las autoridades para que cumplan sus promesas, como voz de la sociedad civil que son.

Al principio del libro he hecho una recapitulación de mis agradecimientos, que son muchos, a las personas e instituciones que de cualquier modo me han asistido en su elaboración. Pero no quiero que falte mi más sincera gratitud a todos los que puedan leerlo, en especial a los jóvenes; el mundo, el suyo, el mío, está en sus manos y será, al cabo, lo que ellos quieran que sea.

Capítulo 1

El alcohol

¿Qué es el alcohol?

La palabra alcohol, como tantas otras de nuestro idioma que comienzan con la sílaba *al* —almendra, almohada, alféizar, alférez, albañil, etc.—, procede de la lengua árabe, hablada en gran parte de España durante ocho siglos.

Alcohol —*al kuhl*— significa «el colirio» o «el negro», y servía para denominar un polvo finísimo de color negro con el que las mujeres árabes se pintaban las pestañas, las cejas y el pelo. Algo parecido, pues, a los actuales tintes del cabello o al *rímel*. Todavía hoy lo siguen utilizando las mujeres en Oriente. En la actualidad, lo fabrican comercialmente con negro de humo perfumado, pero antiguamente se hacía de modo artesanal con sulfuro de antimonio o moliendo otros minerales negros.

En el siglo XVIII, con los progresos de la química en Occidente, se adopta la palabra alcohol para definir «cualquier esencia obtenida por trituración, sublimación o destilación», y algo más tarde, a finales de ese mismo siglo, se da el nombre de alcohol al «espíritu de vino». En esos años, los químicos llaman *espíritu* a las sustancias volátiles presentes en cualquier materia o producto y que son las que otorgan a éstos sus peculiares características.

La química moderna denomina alcohol a muchos compuestos orgánicos, formados por carbono, oxígeno e hidrógeno, que reaccionan con los ácidos formando compuestos llamados *éteres* o *ésteres*. Son derivados de los hidrocarburos o de los *hidratos de carbono* —también llamados *azúcares*—, en los que un átomo de hidrógeno

se sustituye por una molécula de OH llamada *oxidrilo*.
Según la cantidad de átomos sustituidos se obtienen diferentes tipos de alcoholes tan distintos entre sí como el *alcohol etílico* o la *glicerina*.

En general, los alcoholes son incoloros, líquidos, solubles en agua y de olor característico. Sin embargo, otros son más complejos y pueden presentarse como sustancias sólidas o aceitosas.

De cualquier modo, cuando se habla únicamente de *alcohol,* sin ponerle ningún otro calificativo, se alude siempre al *alcohol etílico* o *etanol,* con fórmula química C_2H_5OH, líquido incoloro, aromático y volátil, que arde con llama azul. Se obtiene de la fermentación vegetal a partir de líquidos que contienen azúcares sencillos, como la glucosa o azúcar de uva, y la fructosa o azúcar de las frutas; también es posible obtenerlo a partir de otros hidratos de carbono, como la sacarosa o azúcar de la remolacha, el almidón o la celulosa, que se descomponen con facilidad en aquellos azúcares simples.

Durante la fermentación se desprenden grandes cantidades de anhídrido carbónico, por lo que es muy peligroso entrar en los lugares de fabricación del vino mientras se está realizando el proceso de fermentación. Todos los años se producen numerosos accidentes de este tipo; se trata de personas inexpertas que no guardan las debidas precauciones. Como se sabe, el anhídrido carbónico —CO_2—, altamente venenoso, provoca la muerte de las células y con ello la del individuo. La fermentación es un proceso químico que se produce en la naturaleza por la acción sobre algunas materias de unas sustancias llamadas **fermentos** —palabra que proviene de otra latina con el significado de «hervir»—, de origen asimismo natural. Los fermentos están producidos por unos organismos microscópicos denominados **levaduras.** Durante la fermentación, la materia original sufre una serie de transformaciones y en su transcurso se forman agua y anhídrido carbónico, que en algunos casos se desprende formando burbujas en el líquido que fermenta. Aparentemente, da la impresión de que está hirviendo, por lo que los latinos utilizaron aquel término de fermento que acabamos de citar.

En la naturaleza se producen numerosos casos de fermentación, algunos de ellos utilizados luego por el hombre con fines prácticos. Son ejemplos de esto la propia fermentación alcohólica, la fabricación de quesos, requesones o yogures a partir de la leche fermentada, o la utilización de levadura en la elaboración del pan y otros productos de bollería y pastelería.

En las zonas pantanosas de la tierra, cuando existen ciertas condiciones climáticas, algunas de las materias orgánicas de origen vegetal allí acumuladas entran también en fermentación y se produce un desprendimiento de gas **metano** —llamado precisamente por esto *gas de los pantanos*—, que, además de tóxico, es fácilmente inflamable, por lo que en ocasiones aparecen fogonazos en estos terrenos, que en otros tiempos eran interpretados por quienes habitaban en sus proximidades como obra de magos o duendes.

El hombre ha utilizado la fermentación alcohólica desde hace miles de años, como luego veremos con más detalle. Pero lo hacía de forma empírica, sin conocer exactamente el proceso que se desarrollaba en aquel líquido que se iba a transformar en bebida alcohólica. Seguramente, los primeros hombres que utilizaron ésta lo hicieron por casualidad. Era costumbre antiquísima almacenar los alimentos en agujeros hechos en el suelo o en las rocas para conservarlos en buen estado y a la vez evitar que fueran devorados por los animales con los que el hombre tenía que compartir el hábitat primitivo. En estas condiciones, algunos de aquellos alimentos, sobre todo los granos de cereal, entrarían en fermentación espontánea al estar contaminados por levaduras. Al ir a utilizarlo, alguien se dio cuenta de que no sólo había cambiado el sabor, sino que además sentía una extraña y nueva sensación en su organismo: era el alcohol formado en aquella elemental fermentación. Luego relataremos el largo y complicado proceso histórico que se derivó de este hecho.

Hasta el siglo XVIII, con los progresos de la ciencia química, no se comenzó a intuir qué se estaba produciendo en el seno de los líquidos que fermentaban. Ya hemos visto cómo se denominó *espíritu de vino* al producto final de ese proceso. Los científicos del Siglo de las Luces, no obstante, aún no tenían a su disposición los medios técnicos para seguir más allá en sus investigaciones. Describieron el alcohol y la presencia de los fermentos, pero ignoraban que existiera un microorganismo que los produjera.

En el siglo XIX, un químico francés llamado Louis Pasteur fue requerido por los vinateros de su país para que estudiase por qué algunas cosechas daban excelente vino mientras que en otras bodegas las barricas se estropeaban agriándose su contenido, que no servía entonces más que para vinagre, «vino agrio».

Pasteur utilizó para su estudio el microscopio, un instrumento con más de cien años de antigüedad pero que hasta entonces no había servido a los científicos más que para muy limitados hallazgos, si bien alguno de éstos fue tan importante como el de la composición celular de los organismos vivos. Analizó minuciosamente muchas muestras de vino y de mosto de uva durante la fermentación. Y encontró allí la presencia de unos microorganismos que llamó levaduras y que se reproducían con gran rapidez. Demostró que sólo la presencia de esas levaduras permitía la producción de alcohol, y que si mediante el calor —un método que luego, en su honor, se denominó **pasteurización**— se destruían aquellos seres microscópicos, el mosto no fermentaba.

Este hallazgo de Pasteur ha tenido una trascendencia universal. Se le considera el nacimiento de la **microbiología,** una ciencia que ha permitido conocer la causa de muchísimas enfermedades —las llamadas **enfermedades infecciosas**— y su tratamiento. Y todo comenzó, como vemos, por la preocupación de unos cosecheros por sus vinos y, desde luego, por la presencia en ese momento histórico de una de las más privilegiadas mentes científicas de todos los tiempos, Louis Pasteur, inventor de la vacunas contra la rabia y el carbunco, de la pasteurización, que permite la conservación prolongada de los alimentos, y de otros muchos adelantos de los que todavía hoy se sigue beneficiando la humanidad.

Acabamos de hablar del alcohol por excelencia, el etílico, pero ya he mencionado antes que existen en la naturaleza y en la industria otros muchos alcoholes. Vamos a ver algunos de ellos:

- *Alcohol absoluto:* es el alcohol etílico que se halla en estado puro, es decir, completamente exento de agua. Se dice que tiene 100 grados, esto es, que el ciento por ciento de su composición es alcohol.

- *Alcohol alcanforado:* es un producto de uso medicinal utilizado para el tratamiento de algunas enfermedades de la piel. Se obtiene disolviendo una pequeña porción de alcanfor en alcohol.

- *Alcohol bencílico:* forma parte de muchos perfumes. Está presente en la esencia de jazmín, de jacinto, en el bálsamo de Tolú y en otros elementos utilizados para la industria de perfumería.

- *Alcohol metílico:* también llamado *alcohol de madera* porque se obtiene por la destilación de ésta.

Es un líquido muy tóxico que se utiliza en la fabricación de barnices y pinturas. En algunas ocasiones, debido a su bajo precio, se ha pretendido utilizar para la elaboración de bebidas, lo que ha dado lugar a gravísimas intoxicaciones que han llevado a la ceguera o a la muerte a quienes lo han ingerido.

– El alcohol *etílico* tiene numerosas utilidades industriales: combustible, disolvente, componente de muchos productos de limpieza hogareña como limpiacristales, elaboración de perfumes y cosméticos, colorante para los tejidos de seda, e incluso como sustancia anticongelante para añadir al agua de los radiadores de los vehículos en las épocas frías.

Sin embargo, el mayor uso que el hombre hace del alcohol etílico es como bebida, y a ello nos vamos a referir en el resto del presente capítulo.

Tipos de bebidas alcohólicas

La capacidad del hombre para utilizar el alcohol como bebida es extraordinaria y se manifiesta de numerosas maneras. Desde luego, nadie —salvo algunas personas con graves anomalías psíquicas derivadas del alcoholismo crónico o con intenciones suicidas— bebe alcohol puro, y ni siquiera rebajado con agua.

Todas las bebidas llamadas alcohólicas contienen este producto mezclado con otros muchos, que son los que dan sus peculiares características a cada una de ellas. En algunas, como vamos a ver, el alcohol es el resultado de la fermentación de la materia original de la bebida, como sucede con el vino, la cerveza o la sidra, las tres bebidas alcohólicas más antiguas conocidas y utilizadas por la humanidad. En otras, el alcohol es un añadido artificial que pretende elevar el valor euforizante de una bebida o servir de disolvente para otras sustancias vegetales que definen el tipo de licor.

Lo más importante a la hora de hablar de bebidas alcohólicas es saber a qué se denomina **graduación** o **grado alcohólico** de las mismas. La graduación de una bebida cualquiera es el *porcentaje de alcohol puro que contiene en una unidad de volumen.* Es decir, una bebida de 10 grados (10º) será la que contenga 10 centímetros cúbicos, o mililitros, de alcohol puro en 100 centímetros cúbicos de bebida, o lo que es lo mismo, 100 centímetros cúbicos de alcohol puro en cada litro de bebida.

Por tanto, es mucho menos importante el tipo de bebida que se tome que su contenido de alcohol o graduación. Así, por ejemplo, una jarra de cerveza tiene la misma cantidad de alcohol que un vaso de vino o que una copa de licor. Ese alcohol tendrá el mismo efecto sobre el organismo, sea cual sea su procedencia.

En otro capítulo volveré a insistir mucho en este concepto, porque es frecuente que los jóvenes y los adultos hagan distingos a la hora de beber entre un licor o unas «cañas» de cerveza, creyendo equivocadamente que el alcohol ingerido es de diferente calidad y, por tanto, de diferente peligrosidad. *El alcohol es siempre igual,* y lo único que varía es la cantidad total que se toma en función del grado alcohólico de cada bebida.

Veamos ahora los principales tipos de bebidas alcohólicas.

Vino

El vino es el producto obtenido exclusivamente por la fermentación alcohólica, total o parcial, de las uvas frescas o de los mostos de uva.

Mosto es el jugo obtenido de la uva fresca mediante el estrujado o prensado, mientras no ha comenzado la fermentación.

Hay dos grandes categorías de vinos: los vinos blancos y rosados, obtenidos de la fermentación del jugo de la uva; y los vinos tintos, obtenidos a partir del grano completo de la uva, incluyendo la piel u ollejo, que es lo que le proporciona el color.

Otra clasificación de los vinos es la siguiente:

– *Vinos de mesa:* con grado alcohólico no inferior a 9º y un término medio de 12º. Pueden ser tintos, rosados, claretes o blancos, según las variedades de uvas utilizadas en su elaboración o los procesos químicos que se producen durante la fermentación de los distintos mostos.

– *Vinos especiales:*

• *Chacolí:* de unos 7º, típico del norte de España; elaborado con uvas que por las condiciones climáticas de su lugar de origen no llegan a madurar totalmente; por eso tiene un ligero sabor ácido.

• *Vinos dulces naturales:* de hasta 18º y gran riqueza de azúcar.

• *Vinos nobles:* elaborados con uvas muy seleccionadas y sometidos luego a un período de crianza en bodega superior a dos años. Su contenido alcohólico es mayor de 15º.

• *Vinos generosos:* entre 14º y 23º, elaborados según normas tradicionales. Son ejemplos los vinos de Jerez o Moriles.

• *Vinos licorosos:* son vinos a los que, después de la fermentación natural, se les añade alcohol etílico, alcanzando graduaciones superiores a los 20º.

• *Vinos espumosos:* el ejemplo más conocido es el *cava*. Se elaboran dejando que una parte de la fermentación ocurra una vez embotellados, lo que provoca la aparición de las características burbujas. Su graduación media oscila entre 10,8º y 12,8º.

- *Vinos aromáticos,* *vermuts y aperitivos de vino:* se elaboran a partir de un vino, al que se añaden sustancias vegetales amargas o estimulantes como la quina, además de extractos vegetales y alcohol. Su graduación es superior a los 14°. Se les llama *aperitivos* si predominan las sustancias estimulantes, y *vermuts* cuando predomina el sabor amargo y un aroma especial.

Cerveza

Las cervezas son bebidas alcohólicas preparadas por fermentación —mediante levaduras seleccionadas— de mostos procedentes de la cocción en agua de granos de cebada germinada, lo que se denomina **malta.** Además se les añaden extractos de flores de *lúpulo,* que le proporcionan su sabor amargo característico y su aroma; y anhídrido carbónico, que las hace espumosas.

Su graduación no debe ser inferior a 3° y por lo general alcanza entre 5° y 8°, dependiendo del grado de fermentación y de la calidad de la malta utilizada.

Hoy día proliferan en el comercio y en la publicidad las llamadas **cervezas sin alcohol,** que en realidad no son tal cerveza —la publicidad nunca emplea esta palabra para describirlas, limitándose a hablar de *sin*—, sino malta de cebada sin apenas fermentar. De hecho, alguna fermentación tiene que haber y estas bebidas contienen un grado mínimo, inferior al 1 %, de alcohol.

Aguardientes y licores

- *Brandy:* también conocido como *cognac* o coñac, aunque este nombre está protegido por la denominación de origen francesa y por eso no puede utilizarse en las bebidas de este tipo producidas en otros países, como España.

Se obtiene a partir de aguardiente de vino «envejecido» en barricas de roble por un período no inferior a dos años, pero que puede alcanzar los diez años o más, aumentando con ello la calidad del producto.

Su graduación alcohólica mínima es de 36º, pero algunas marcas alcanzan los 40º o más.

– *Whisky* o *güisqui,* como propone la Real Academia Española que se denomine en nuestro idioma. Se obtiene por destilación de mosto fermentado de cereales y la posterior mezcla, según las marcas y los tipos, del producto de varias destilaciones. Más tarde se procede al envejecimiento —entre tres y doce años— en barricas de roble. La graduación alcohólica media oscila alrededor de los 40º.

Con un segundo proceso de destilación y añadiendo cierta cantidad de azúcares se obtienen los *licores de whisky,* que mantienen graduaciones similares al producto original.

– *Ron:* es la bebida obtenida por fermentación alcohólica y posterior destilación de las melazas procedentes de la fabricación del azúcar de caña o bien del propio jugo de la caña de azúcar. Su graduación mínima está en los 37,5º.

– *Orujo:* fabricado a partir del orujo de uva, es decir, del resto de las uvas que queda después de ser exprimidas para la fabricación del vino. Es un producto de destilación, hecho muchas veces de forma artesanal, casera y con pocas garantías de higiene; hoy la ley prohíbe comercializar orujos no industriales. La graduación alcohólica mínima es de 37,5º.

– *Aguardientes de frutas:* bebidas con graduación mínima de 37,5º, obtenidas por destilación de los fermentados de distintas frutas: *kirsch* de cereza, *marrasquino* de guindas, *aguardiente* de ciruelas, etc.

– *Ginebra* o *gin:* es la bebida obtenida por aromatización de alcohol etílico con bayas de enebro, de modo que el gusto de éstas predomine sobre el del alcohol. La graduación mínima es de 37,5°.

Entra en la composición de muchas bebidas «largas» o «combinados».

– *Pacharán:* es una bebida alcohólica que se fabrica únicamente en España. En la actualidad está muy comercializada, pero hasta hace pocos años su elaboración era casi exclusivamente artesanal en muchas comarcas del norte de España. Se fabrica con endrinas, también llamadas arañones, que se dejan macerar en alcohol en una proporción de 250 gramos de frutos por litro de alcohol puro. El color rojo característico procede de esos frutos. La graduación alcohólica mínima es de 25°.

– *Anís:* es la bebida obtenida por aromatización de alcohol etílico con extractos naturales de anís verde, de anís estrellado y de hinojo, solos o utilizando varios de ellos a la vez. En algunas zonas de España se denomina *matalahúva* porque éste es el nombre que recibe la semilla de anís. Los nombres tan típicos de *cazalla, chinchón* u *ojén* se refieren a las localidades donde se fabrican esas variedades de anís. Su graduación alcohólica no es inferior a 35°.

– *Licores:* se denomina *licor* a cualquier bebida alcohólica dulce aromatizada con diversas sustancias. El grado alcohólico mínimo es de 15° y debe contener además un mínimo de 100 gramos de azúcar por cada litro de alcohol. A este grupo pertenecen los licores de manzana, melocotón y otras frutas.

– *Combinados:* la combinación de varias bebidas alcohólicas entre sí o con otros productos no alcohólicos es un tipo de bebida que cada vez prolifera más entre las costumbres sociales. Suelen recibir el nombre genérico de cócteles, de la palabra inglesa *cocktail,* «cola de gallo», porque, al parecer, sus inventores norteamericanos acostumbraban a hacerse titilaciones en la úvula del paladar con una pluma de gallo impregnada de pimienta para provocarse el vómito y así poder beber más; costumbre que nos recuerda a los patricios romanos, que practicaban la misma maniobra durante sus pantagruélicos banquetes para, tras vaciar el estómago repleto en los *vomitorium* de que disponían sus residencias junto a los salones de los ágapes, continuar ingiriendo más y más viandas.

Los tipos de estas mezclas son innumerables y de lo más variopinto, pero nunca debemos perder de vista el componente alcohólico de las mismas, que será el que al fin y al cabo provoque los efectos indeseables. Entre esos muchos tipos, algunos de los más habituales son los siguientes:

- *After dinner:* mezcla de destilados y licores digestivos.
- *Aperitivos:* bebidas simples o mezclas de diversa fuerza entre las que uno de los más consumidos en todo el mundo es el *Martini seco,* compuesto de 3/4 de ginebra o vodka y 1/4 de vermut seco. Debe su nombre a que lo inventó un camarero mexicano apellidado Martínez, y no a la marca de vermut utilizado, como pudiera pensarse.
- *Buch:* trago largo, refrescante, a base de vinos destilados o licores a los que se añade azúcar y opcionalmente agua gaseada.
- *Collings:* bebida larga con un destilado, azúcar y agua gaseada.

- *Coolers:* bebida larga con *ginger-ale,* agua tónica, limonada o naranjada, a la que se añade una pequeña cantidad de cualquier aguardiente.
- *Cup:* se prepara en grandes recipientes para fiestas o reuniones multitudinarias. Lleva frutas, azúcar, licores aromatizados y se completa con cava o vinos generosos.
- *Cuba libre:* mezcla de coca-cola con ron, whisky, ginebra o coñac. Su invención se atribuye al presidente cubano Fulgencio Batista para ayudar a consumir los excedentes de ron de la isla.
- *Daysy:* jarabe y zumo de limón a los que se añade un licor destilado.
- *Fizz:* azúcar, limón, licor destilado y agua gaseada.
- *Flip:* yema de huevo, azúcar y vino generoso, espolvoreado con canela o nuez moscada rallada. Se bebe frío o caliente.
- *Frappé:* licor con hielo picado en copa larga.
- *Grogs:* inventados, al parecer, por el almirante Vernon, de la Royal Navy, para combatir el escorbuto durante las largas travesías en barco. Contiene ron, agua, limón y azúcar, y se toma muy caliente.
- *Julepe:* licor destilado al que se añade hierbabuena y azúcar.
- *Manhattan:* mezcla de 2/3 de whisky y 1/3 de vermut rojo a la que se añaden unas gotas de angostura.
- *Mazagrán:* café, coñac o ron y zumo de limón.
- *Mulers:* bebidas combinadas en las que el principal ingrediente es la cerveza.
- *Pick-me-up:* cóctel en el que interviene fundamentalmente el champán.

- *Ponche:* viene de la palabra indostánica *pänch*, de donde tomaron los británicos el término, que significa «cinco», por el número de sus componentes: rodajas de limón con cáscara, té hirviendo, azúcar, canela y ron.

En los ambientes juveniles de bebida durante los fines de semana han ido surgiendo nuevas combinaciones, de nombres cada vez más exóticos y, a lo que parece, estimulantes y sugestivos para sus potenciales consumidores («cerebro de mono», «cucaracha», «coscorrón», «mamada zulú», «leche de pantera», etc.), en los que los componentes, más que contribuir a resaltar un sabor, procuran obtener sólo un resultado rápidamente embriagador.

A la hora de valorar el contenido alcohólico de la bebida que se va a tomar hay que tener en cuenta que muchas veces, como acabamos de ver, se mezclan varias de ellas, con lo que, según la proporción de cada una, el resultado puede ser muy superior al de la bebida que se haya utilizado como «base» de la combinación.

La bebida humana

Si es posible y necesario hablar de la bebida humana es porque en ella hay un factor primordial en el que quizá, como tantas veces, no nos paramos a pensar. El hombre, a diferencia de los animales, no bebe sólo para calmar la sed.

Beber es, aunque sea decir una perogrullada, ingerir líquido, cualquier clase de líquido. De los tres estados de la naturaleza —sólido, líquido y gaseoso—, dos de ellos se denominan comúnmente **fluidos** y son los más importantes para la vida. Pensemos en el fluido *aire* que constantemente estamos utilizando y sin el cual la muerte de cualquier ser vivo sobreviene en muy corto tiempo.

De los otros fluidos, el fundamental es el *agua*. En el caso del hombre, un 60 % de su composición orgánica es agua en la edad adulta, y en el niño esta cantidad alcanza hasta el 70 %. En la naturaleza, el agua es también el elemento más abundante.

El primer filósofo del que tenemos constancia histórica, Tales de Mileto, pensó que en el agua estaba el origen del mundo. Él pertenecía a la cultura griega, que era la de un pueblo en constante relación con el mar, y su ciudad natal, Mileto, en Asia Menor, está situada en la costa del mar Egeo. La inmensidad del mar en comparación con la pequeñez del hombre, y el hecho de que de él procediesen la mayor parte de sus alimentos y fuese además la vía natural de relación entre los habitantes de pueblos y ciudades muy alejados, hizo que para Tales y otros pensadores de su época y de su cultura el agua apareciera como la esencia de todo lo existente.

En el *Génesis*, cuando el pueblo hebreo —que constituye, junto con el griego, uno de los pilares de nuestra cultura occidental— relata el origen del mundo por la voluntad creadora de Dios, utiliza también una referencia al agua como un elemento primordial:

> En el principio creó Dios los cielos y la tierra. La tierra era algo caótico y vacío, y tinieblas cubrían la superficie del abismo, mientras el espíritu de Dios aleteaba sobre la superficie de las aguas (Gen. 1, 1-2).

Algunas modernas teorías científicas sobre el origen de la vida, las denominadas *evolucionistas*, sostienen también que ésta surgió del seno de las aguas, donde se habrían formado las primeras moléculas de materia orgánica a partir de las sustancias inorgánicas acumuladas durante millones de años en el fondo de los mares y lagos. Según estas mismas teorías —que podrían ser discutibles desde diferentes puntos de vista—, los primeros seres vivos habrían sido una especie de algas elementales, de las cuales, por sucesivos pasos evolutivos que nadie ha podido comprobar ni demostrar jamás, procederían luego los peces, los anfibios, los reptiles, las aves, los mamíferos y, por último, el hombre. Al margen de su rigor o de su falsedad, este concepto evolucionista del universo nos enseña cómo siempre está el agua presente en todas las formas que el hombre ha ido teniendo de explicarse a sí mismo el mundo del que forma parte.

El habla popular recoge este planteamiento en cierta medida cuando afirma, por ejemplo, que «algo tendrá el agua cuando la bendicen». Y también el agua como fluido, en el caso del río, se ha considerado siempre como un símbolo de la vida humana:

> *Nuestras vidas son los ríos*
> *que van a dar en la mar,*
> *que es el morir.*
> *Allí van los señoríos*
> *derechos a se acabar*
> *y consumir;*
> *allí los ríos caudales,*
> *allí los otros medianos*
> *y más chicos,*
> *allegados, son iguales,*
> *los que viven por sus manos*
> *y los ricos.*

dirá Jorge Manrique en una de las más bellas metáforas de la poesía de todos los tiempos.

Líquida es la alimentación que recibe el ser humano a través de la placenta materna durante su período de gestación; líquida es la alimentación que necesita en los primeros meses de vida; y, luego, una gran parte de lo que el ser humano ingiere es líquido, como tal o formando parte de otros alimentos.

Y si los líquidos, el agua, son tan importantes para la vida, el conseguirlos estará entre los primeros instintos y necesidades de los seres vivos y, lo que ahora nos interesa, del hombre.

El principal y más fuerte de los instintos es el de conservación, que nos hace huir de los peligros. Pero en segundo lugar hay que situar la **sed,** muy por delante de los otros dos instintos básicos: el hambre y el de reproducción, es decir, el sexo. El ser humano soporta durante mucho menos tiempo la privación de agua que la de alimentos sólidos y, desde luego, que la sexual.

El organismo dispone de unos mecanismos extraordinariamente sensibles y eficaces para regular su composición hídrica. Y, como todas las funciones primordiales orgánicas, tiene un sistema de alarma que hace que percibamos **conscientemente** que algo está pasando en nuestro interior, a nivel casi molecular. Este sistema de alarma es la sed.

En la base del cerebro existe una glándula llamada **pituitaria** o **hipófisis** que segrega una hormona que recibe el nombre de **antidiurética** y actúa sobre el riñón disminuyendo la eliminación de agua con la orina. Éste es el mecanismo más efectivo para controlar las pérdidas de líquido. Pero para el control de su entrada está la sed. Se caracteriza por sequedad de boca y garganta y un impulso a ingerir líquido.

La sensación de sed se calma al beber y humedecer esas mucosas, pero también lo hace si el líquido se introduce directamente en el estómago mediante una sonda o a través de una fístula; o si se administra intravenosamente por un goteo de suero. Esto quiere decir que el hecho fisiológico de la sed se elimina al aumentar el contenido de agua del organismo, sin más.

Ahora bien, el hombre no bebe sólo para calmar la sed, ni su sed es sólo de agua. En el hecho humano de beber intervienen otros muchos factores que modifican el instinto primitivo hasta hacerlo prácticamente irreconocible. En condiciones normales y en el tipo de sociedad civilizada en que nosotros nos desenvolvemos, la sed como necesidad primaria no existe.

En nuestra sociedad nadie pasa verdadera sed, porque el agua está al alcance inmediato de cualquiera y la alimentación es lo suficientemente variada para aportar las necesidades diarias de agua. Se puede tener sed en algún momento determinado, pero es una sensación transitoria, fácilmente subsanable, y en ningún caso se presenta como una carencia angustiosa y vital. Otra cosa sucede en algunos lugares del mundo en los que las personas se mueren realmente de sed; algo que nosotros no podemos casi ni comprender.

En cualquier caso, cuando se tiene sed, lo mejor es el agua.

Pero cuando se habla de **bebida,** cuando se dice que alguien «se ha dado a la bebida» o que «bebe mucho», nadie piensa que nos referimos al agua, como tampoco al café o a la coca-cola. No. En nuestro lenguaje, el término *bebida* se asocia siempre con algo que no tiene nada que ver con la satisfacción del instinto de la sed. Se habla de *beber* pensando en el alcohol, y de esto vamos a tratar a continuación.

Desde la más remota Antigüedad, el hombre descubrió que podía obtener el jugo de muchos vegetales exprimiéndolos o machacándolos, y que bebiendo ese líquido calmaba su sed como si fuese agua, pero además disfrutaba de un sabor distinto. En algún momento de esa Antigüedad, ya lo comentamos, comprobó cómo alguno de esos zumos, dejado reposar en determinadas condiciones, adquiría una virtud especial: no sólo calmaba la sed y dejaba un sabor agradable en el paladar, sino que también producía alteraciones en el estado de ánimo y en la conciencia. Había descubierto la fermentación. Este proceso sucede en numerosos zumos, pero los más utilizados desde hace milenios han sido el de uva, el de cebada y el de manzana, que dan lugar al vino, la cerveza y la sidra, aún hoy las principales bebidas de fermentación simple.

Casi todas las civilizaciones cuentan entre sus relatos históricos o legendarios con alguno que hace referencia al hallazgo de las bebidas alcohólicas. El protagonista suele ser algún personaje divino o semidivino, y el tiempo en que sucede es, por lo general, en los orígenes mismos de la civilización o en algún momento de especial trascendencia para el acontecer histórico de cada pueblo.

En Egipto, la bebida nacional por excelencia durante el largo período faraónico fue la cerveza, según consta ya en relatos recogidos en papiros de más de cuatro mil años de antigüedad. Incluso se aconsejaba beber cerveza a los niños, y así estaba estipulado que las madres debían llevar diariamente a sus hijos a la escuela «tres panes de trigo y dos jarras de cerveza», igual que hoy muchas madres les llevan el bocadillo de embutido o de crema de cacao.

En las civilizaciones mediterráneas, de las que somos directos herederos, ha sido el vino la bebida por excelencia, por ser la uva uno de los cultivos tradicionales en esta área geográfica junto con el trigo y el olivo. El pan, el aceite y el vino constituyen tres de los elementos fundamentales de eso que hoy se ensalza en los ambientes científicos como **dieta mediterránea** y que se considera como uno de los mejores, más completos y más sanos sistemas de alimentación humana.

Así, el vino ha formado parte de la alimentación normal del hombre: «Con pan y vino se anda el camino». Era, en realidad, una fuente de calorías en épocas en que la nutrición humana podía considerarse deficiente. Hoy estamos acostumbrados a ingerir abundantes proteínas, grasas e hidratos de carbono de las más distintas procedencias, aderezados de mil formas diferentes para hacerlos más apetitosos, y que nos aportan calorías suficientes y hasta muchas veces excesivas —la obesidad es una enfermedad muy extendida en las sociedades modernas de buen comer— para sobrevivir y desarrollar todas las funciones orgánicas.

Pero pensemos en otras épocas, cuando la mayoría de la población apenas se alimentaba de algunos productos agrícolas, cereales y legumbres sobre todo, y con muy escaso aporte proteínico: algún trozo de carne o pescado secos y en salazón o condimentados con especias, cuya misión era evitar su putrefacción y encubrir su frecuente mal olor. En ese tiempo, que alcanza en nuestro mundo occidental hasta hace escasamente un siglo, el vino era un complemento de la alimentación. Pero no creamos que sólo se usaba como tal; siempre se ha tomado también como modificador artificial del estado de ánimo y de la conciencia.

Los pueblos mediterráneos han considerado la vid como una planta sagrada, símbolo de la renovación de la tierra y, por tanto, de resurrección tras la obligada muerte de la materia. Su zumo, sobre todo su zumo fermentado, es decir, el vino, con su color rojizo y sus cualidades de alterar la conciencia, se ha tenido en esas civilizaciones como símbolo de la sangre de los dioses, y su bebida, como medio de que el hombre entre en un contacto más íntimo con lo divino.

Asimismo, la vid se ha considerado como símbolo de la vida misma y de la inmortalidad. Entre los sumerios

—habitantes de Mesopotamia hace tres mil años—, el signo que representaba la vida en su escritura era una hoja de parra. En la Grecia anterior a Homero, el vino era el sustituto de la sangre del dios Dioniso —también conocido como Baco— y se bebía en las grandes celebraciones a él dedicadas —las *bacanales*— para alcanzar la inmortalidad.

Del mismo modo, las culturas americanas precolombinas, aunque no conocían la vid, elaboraban bebidas alcohólicas a partir del maíz o de la patata y las utilizaban en sus ceremonias religiosas, como aquellas en que eran sacrificados centenares de prisioneros en las pirámides erigidas en honor de los dioses del sol o de la lluvia.

En el Lejano Oriente, los pueblos chino y japonés conocían desde hace milenios el proceso de elaboración de bebidas alcohólicas a partir de algunos cereales como el arroz. Los cultos religiosos de tipo sintoísta contienen ritos en los que el alcohol se utiliza durante las ceremonias de homenaje a los antepasados celebradas en los lugares donde reposan sus restos o en los grandiosos templos que se multiplican por los rincones de aquellos países.

Hasta los musulmanes, cuya religión plasmada en el *Corán* prohíbe el consumo de bebidas alcohólicas, poseen una rica tradición de historias referidas al vino. Sus poetas ensalzan la bebida como uno de los placeres de la existencia y no se recatan en aconsejar a los hombres que beban para disfrutar de la vida. En este aspecto destacaron los escritores árabes de la España musulmana, Al Ándalus, quizá porque su proximidad a las tierras cristianas del norte peninsular y su pertenencia a la misma raza que sus contrincantes les hacían más tolerantes con el incumplimiento de los preceptos coránicos. En el Alcázar de Sevilla y en la Alhambra granadina se bebía vino, y de ello dan cuenta numerosos relatos de la época escritos por los mismos musulmanes. Los grandes médicos de esa época, Averroes, Avicena, Maimónides, algunos de Al Ándalus, recomendaban la ingestión moderada de vino como una parte importante de los tratamientos para muchas enfermedades e incluso como preventivo de otras.

En el relato bíblico del *Génesis* (Gen. 9, 18-27) se nos cuenta cómo Noé, tras finalizar el Diluvio y secarse la tierra, se dedicó a la labranza y plantó una viña. Luego bebió del vino que produjo y se embriagó. Sigue a continuación la narración de la actitud que tuvieron sus tres hijos para con el padre que había quedado desnudo en medio de su tienda. Cam, el segundo de los hijos, se burla de Noé, pero Sem y Jafet entraron en la tienda andando de espaldas para no ver la desnudez de su padre y lo taparon respetuosamente con sus capas. Al despertar Noé de su borrachera supo lo que había hecho cada uno de los hijos y fulminó su maldición sobre Cam y sus descendientes, a la vez que bendijo a Sem y Jafet y a cuantos en el futuro provinieran de su sangre.

En otro lugar de este mismo texto bíblico se refiere cómo, tras la destrucción de Sodoma y Gomorra y la posterior conversión en estatua de sal de la esposa de Lot, las hijas de éste, aquellas a quienes los sodomitas rechazaron exigiendo a su padre la entrega de sus jovencitos visitantes, que no eran sino ángeles enviados por Dios a la ciudad, se creyeron solas en la tierra y para poder tener descendencia embriagaron a Lot, y en ese estado mantuvieron relaciones sexuales con él.

Estos relatos bíblicos son de las más antiguas historias en las que se hace referencia simultánea a la invención del vino y a una de las consecuencias inmediatas de su abuso: la embriaguez. Al margen de la interpretación religiosa que puede hacerse de cualquier texto bíblico, aquí nos importa ahora el lado humano. La *Biblia* es la historia de un pueblo, el judío o hebreo, que forma parte de las tradiciones culturales mediterráneas. Vemos, pues, cómo en una de las orillas del mar de nuestra civilización la fabricación de bebidas alcohólicas se sitúa en los momentos originales de la humanidad, y ya se le otorga importancia en las relaciones entre unos hombres y otros y en los acontecimientos posteriores.

La *Odisea* es uno de los grandes libros escritos por Homero y una de las obras fundamentales de la literatura de todos los tiempos. También aquí se pueden buscar y encontrar diversas interpretaciones al texto. Por ejemplo, se trataría de una exaltación de la cultura griega frente a las otras que hace casi tres mil años poblaban el Mediterráneo; y, asimismo, de un canto a la libertad y a la voluntad del hombre, así como a su capacidad de vencer una tras otra todas las trampas que le va tendiendo el destino. Pero, además, es un relato de las costumbres de aquellos hombres que acababan de vencer y destruir la mítica ciudad asiática de Troya.

El inteligente Ulises —también llamado Odiseo, de donde recibe su nombre el libro— dirige a sus hombres desde Troya, conquistada gracias a su estratagema del célebre caballo, hacia su patria en la isla de Ítaca. Durante el viaje les sucederán mil aventuras a cual más apasionante y difícil de resolver. Una de ellas se desarrolla cuando son capturados por el gigante Polifemo, un cíclope con un solo ojo en mitad de la frente, que los encierra en una cueva a la que acudirá de cuando en cuando para comerse a alguno de ellos.

Ulises descubre unos racimos de uvas y pisándolos con sus compañeros hace una pequeña cantidad de vino que ofrece a Polifemo. Éste, que no conocía aquella bebida, les pide que preparen más, según esperaba Ulises. Al fin consiguen que el cíclope se emborrache, y durante su sueño le clavan en su único ojo un tronco con la punta enrojecida al fuego de la cueva, y de esa manera pueden huir los griegos.

Homero nos está narrando, de forma novelada, la divulgación que los griegos hicieron del vino a otros pueblos con los que estaban enfrentados en largas guerras. Y también aquí aparece la embriaguez como efecto inmediato de su bebida.

Los romanos terminaron por generalizar en todo Occidente el consumo del vino que ellos producían en las amplias extensiones agrícolas de las distintas provincias, en especial la Galia e Hispania. En Roma se bebía vino en grandes cantidades y, aparte de su uso durante las comidas diarias, existían las tabernas públicas llamadas *thermopolia*. Algunas fiestas solemnes de la urbe, como las bacanales, heredadas de los griegos, y las saturnales, que se celebraban durante el solsticio de invierno para conmemorar el nacimiento del nuevo sol (y que luego fueron cristianizadas haciendo coincidir esas fiestas solsticiales con la Natividad de Jesús, nuevo sol de la nueva religión), giraban en torno al consumo de vino por todas las clases sociales, que en esas jornadas se hermanaban y rompían por unas horas los rígidos límites jerárquicos de la sociedad latina.

El uso abusivo del alcohol por personajes preeminentes de esa sociedad era comentado —como lo es hoy el de algunos políticos o celebridades de cualquier ámbito— con sorna por sus conciudadanos, e incluso se permitían reflejarlo en sus escritos los autores de la época. Así, por ejemplo, en la fundamental obra histórica *Vida de los doce Césares*, Suetonio —bien es cierto que bastantes años después de la desaparición del protagonista, que no admitía muchas bromas— nos relata que al césar Tiberius Claudius Nero —el Tiberio cuyo patológico resentimiento sirvió a Gregorio Marañón para escribir un extraordinario ensayo sobre esta dolencia anímica— sus compañeros de milicia le llamaban *Biberius Caldius Nero*, «bebedor de caldo negro», es decir, de buen y fuerte vino tinto.

En la Edad Media, la producción de vino estaba reservada casi exclusivamente a las instituciones eclesiásticas y muy en especial a los florecientes monasterios que poblaban todo el mundo cristiano. En esos centros religiosos surgieron los mejores caldos que han traspasado las fronteras territoriales y temporales. También allí, en los claustros, se comenzaron a fabricar productos derivados de la destilación, y así una gran parte de los licores, como el whisky, el Chartreusse o el Benedictine, tienen ese origen monacal. Aún siglos después sería otro monje, el benedictino Dom Perignon, quien inventase en su monasterio de la región francesa de Champagne la bebida que tomó ese nombre y que con pocas variantes se extiende hoy por medio mundo, aunque sólo pueda denominarse champán al procedente de aquella zona del país transpirenaico.

El alcohol, pues, como una u otra forma de bebida, ha estado presente a lo largo de toda la historia de la humanidad hasta nuestros días. También lo han estado los problemas de él derivados: embriaguez, alcoholismo, enfermedades. Siempre se ha tenido muy claro que un consumo moderado y por personas adultas constituía una forma natural de alimentación o un placer añadido a ésta que en nada perjudicaba al individuo o a la sociedad. Pero, al mismo tiempo, siempre se ha sabido que la falta de moderación, o el consumo por parte de jóvenes y niños, era enormemente perjudicial.

Datos de interés

☞ Cuando se habla de *alcohol* se hace referencia al *alcohol etílico* o *alcohol de vino*.

☞ El alcohol tiene numerosas utilidades industriales, pero en su mayor parte se dedica a la bebida humana.

☞ La graduación de una bebida alcohólica significa el porcentaje de *alcohol puro* que contiene.

☞ El alcohol de cualquier bebida es siempre *igual*, desde la cerveza hasta el más fuerte de los aguardientes. Sólo varía la cantidad que contiene cada bebida.

☞ Una jarra de cerveza contiene la misma cantidad de alcohol que un vaso de vino o una copa de licor.

☞ Las bebidas *destiladas* —aguardientes y licores— tienen mayor contenido alcohólico que las obtenidas por simple fermentación, como la cerveza y el vino.

☞ La mezcla de varias bebidas alcohólicas puede aumentar mucho el grado de la resultante y, por tanto, sus efectos sobre el organismo.

☞ La sed es un mecanismo de defensa del organismo contra la falta de líquidos.

☞ Lo único que realmente apaga la sed y sirve para que el organismo recupere sus líquidos es el agua; el alcohol es sólo un añadido en algunas bebidas, pero no calma la sed.

☞ Desde que los hombres han conocido la existencia de las bebidas alcohólicas las han asociado con la embriaguez.

☞ El consumo inmoderado de bebidas alcohólicas a cualquier edad o su uso en cualquier cantidad por los jóvenes ha sido siempre mal visto por todas las civilizaciones de la historia.

Capítulo 2

El alcohol en el organismo

El recorrido del alcohol por el organismo

El alcohol ingerido pasa a la sangre más o menos deprisa según el estado de plenitud o de vacío del aparato digestivo. Es decir, en ayunas o tras varias horas sin ingerir alimentos sólidos, el alcohol se absorbe muy rápidamente, en parte a través de las paredes del mismo estómago. Si se bebe junto con otros alimentos, la absorción es más tardía, se hace en el intestino delgado y de forma más lenta.

Una vez absorbido, el alcohol se distribuye por todo el organismo a través de la sangre, que lo lleva hasta los puntos más recónditos, desde el cerebro hasta los huesos, aunque en un sitio u otro sus efectos serán muy diferentes.

La concentración de alcohol en la sangre y en el organismo en general depende de la cantidad de líquido que contiene éste, puesto que el alcohol se va a disolver en el agua orgánica. Los varones tienen más peso que las mujeres y también una mayor cantidad de agua en su organismo. De este modo, la misma cantidad de alcohol ingerida alcanzará una concentración mayor en la mujer que en el hombre y sus consecuencias serán, por tanto, más acusadas.

La eliminación del alcohol se produce fundamentalmente en el hígado, que está considerado como el gran laboratorio orgánico. Allí sufre un proceso metabólico que lo acaba convirtiendo en anhídrido carbónico, que pasa a la sangre y se expulsa a través de los pulmones, y en agua, que llega también por la sangre hasta el riñón para ser eliminada por la orina. El hígado es capaz de metabolizar 100 miligramos de alcohol por cada kilogramo de peso del individuo en el tiempo de una hora. Es decir, una persona de 70 kilos de peso puede eliminar con su hígado —siempre que éste funcione con normalidad— siete gramos de alcohol en una hora. Pero ése es el contenido alcohólico de apenas medio litro de vino o de una copa de licor. Por tanto, si esa persona ha bebido más cantidad, lo cual suele ser habitual, necesitará varias horas para poder eliminar por completo el alcohol que circula por su cuerpo.

Una pequeña cantidad de alcohol se elimina directamente a través del pulmón con el aire espirado, y por eso puede ser detectado y medido con unos aparatos llamados *alcoholímetros,* como los que usa la policía. Este mismo alcohol presente en la respiración es el que forma, junto con otras sustancias que también alcanzan el pulmón durante el metabolismo alcohólico, el característico aliento de las personas que han bebido, un olor que resulta extraordinariamente desagradable para quienes les rodean y que contribuye a su rechazo social.

Pero entre el momento de la ingestión y el de su total eliminación, el alcohol, como hemos dicho, se distribuye por todo el organismo y en cada lugar va a producir unos determinados efectos.

En el **aparato digestivo,** principalmente en el estómago, provoca un aumento de la formación de jugos digestivos por estimulación de las células de sus paredes. Esta situación, por un lado, hace más deseable la ingestión de alimentos: es el conocido efecto «aperitivo» de las bebidas suavemente alcohólicas, uno de los motivos más generalmente esgrimidos para su utilización antes de las comidas, sobre todo en el caso de la cerveza y algunos vinos, como los de Jerez o los ligeramente amargos, de los que es ejemplo el vermut.

En segundo lugar, durante las comidas, esa mayor secreción gástrica permitirá una mejor digestión de algunos alimentos, como las grasas y ciertas proteínas. Por tal razón se ha considerado siempre el vino como un magnífico acompañante de la comida, especialmente si ésta es de las que se consideran «pesadas». Sin embargo, una excesiva cantidad de alcohol desempeña un efecto contrario al que acabamos de comentar, ya que, en vez de estimular la secreción de jugos gástricos e intestinales, inhibe su formación o produce un exceso de ácido clorhídrico capaz de echar a perder la mejor de las comidas.

En las mismas **arterias** por las que circula, el alcohol disminuye la adhesión del colesterol a sus paredes, y por eso se considera que una pequeña cantidad de alcohol puede prevenir la aparición de la arteriosclerosis a partir de ciertas edades. Pero este efecto, que es real y ha sido comprobado científicamente, no puede servir de excusa para beber sin moderación ni para abandonar los hábitos alimentarios que aconsejan restringir el consumo de determinadas grasas animales en la dieta, como el más adecuado sistema para evitar la aparición de esa grave enfermedad y de sus consecuencias, entre las que se encuentran, de modo principal, el infarto de miocardio y las trombosis cerebrales, causas de muerte en buen número de personas de los países más civilizados, en los que las transgresiones dietéticas son norma de conducta habitual.

En el **corazón** acelera el ritmo de los latidos y hace que la sangre circule más rápidamente por todo el cuerpo, y por eso la cara y los ojos se enrojecen con la bebida. Del mismo modo, al circular más sangre, se tiene durante un tiempo una sensación generalizada de calor, principalmente en la cara y en las extremidades. Pero esta sensación es sólo transitoria. Al cabo de poco tiempo los vasos sanguíneos de las extremidades se contraen y esas zonas se quedan frías. Luego veremos cómo ésta es precisamente una de las causas de las congelaciones que se producen en los sujetos alcoholizados que permanecen a la intemperie en épocas de bajas temperaturas.

A los **riñones** llega una mayor cantidad de agua procedente tanto de aquel metabolismo hepático del alcohol como de la que forma parte de cualquier bebida. Así pues, los riñones se ven forzados a filtrarla y se produce lógicamente más orina. Es bien conocido este efecto diurético del alcohol, que se manifiesta en una frecuente necesidad de orinar, a veces de forma urgente, cuando se ha bebido demasiado. Los lugares de moda que sirven «copas» durante la noche veraniega en las calles de nuestras ciudades suelen estar rodeados de un ambiente sucio y maloliente ocasionado por este problema «urinario» de sus clientes.

En los **tejidos celulares,** en general, el alcohol produce un efecto de deshidratación. El alcohol es «secante». Recordemos la sensación de resecura que queda en la piel tras frotarla con alcohol. Pues bien, esa deshidratación de los tejidos se traduce en alguno de los síntomas de la célebre «resaca» que aparece después de beber mucho alcohol, sin necesidad de haber llegado a emborracharse. En la resaca del día siguiente, además de un terrible dolor de cabeza, provocado asimismo por la acción del alcohol sobre el cerebro, se tiene sed, con sensación de lengua pastosa o seca y áspera como lija. Esto se debe a que las células han perdido una parte de su contenido de agua y el organismo reclama por ese sistema el necesario aporte. Cometería un terrible error quien pretendiera liberarse de esa acuciante sed ingiriendo más bebidas alcohólicas, porque entonces la deshidratación progresaría y podría alcanzar límites de enfermedad aguda y muy grave.

Los efectos del alcohol son más claros e importantes en el **cerebro.** Explicaremos muy someramente cómo está estructurado el cerebro humano para que sea más fácil comprender la actuación del alcohol sobre él.

Esquemáticamente, podemos distinguir tres partes en el cerebro. Una, la más primitiva, está localizada casi toda ella en el bulbo raquídeo y en la base cerebral, que controla las funciones automáticas: la respiración, el funcionamiento de los órganos internos, etc. Podría decirse que es la porción animal de nuestro cerebro, muy similar al de otros seres animales con funciones orgánicas parecidas a las nuestras.

Una segunda porción, llamada subcortical porque se ubica en las zonas situadas inmediatamente por debajo de la corteza cerebral o materia gris, regula la afectividad, esto es, los sentimientos de uno u otro tipo: agresividad, instintos, imaginación, etc.

Por último está la región cortical, la más evolucionada en la especie humana; en ella residen las capacidades cognitivas y el raciocinio. Es la también llamada materia gris, por el color grisáceo que muestran sus células, denominadas neuronas, frente al más blanquecino de las otras partes del cerebro y de los nervios que desde allí se extienden hasta los más alejados puntos del cuerpo, llevando los impulsos nerviosos generados en las neuronas de la corteza.

En el hombre, estas dos últimas regiones están muy íntimamente relacionadas, y la zona cortical ejerce una labor de freno de la subcortical, aunque se nutre de sus funciones. Me explicaré con un ejemplo.

El instinto de agresividad que todos llevamos dentro, con su maquinaria dispuesta para funcionar en esa zona subcortical, es regulado por la razón humana y derivado hacia actitudes no dañinas para uno mismo y, en general, tampoco para los demás. Somos capaces de transformar el impulso que en un momento determinado podemos tener de pegarnos con alguien, de agredirle, en un puñetazo sobre la mesa, en una palabra o dos más fuertes que las otras o, simplemente, en un silencio y una

quietud que nos libran con seguridad de peores consecuencias.

Algunos psicólogos han querido ver en la actividad
profesional o laboral que elige cada individuo una deri-
vación del grado de agresividad que posee su «subcons-
ciente» y que ha logrado dominar llevándola por otro
camino. Estos estudiosos de los recovecos de la mente
humana afirman, por ejemplo, que los cirujanos son personas que han sabido derivar su instinto de agresividad
hacia un trabajo que les permite descargarlo con un resultado beneficioso para los demás. También entrarían
en este grupo de personas muchos *yuppies,* esos jóvenes
directivos de empresas en cuyo ascenso profesional se va-
lora precisamente su «agresividad». Si esta teoría de algunos psicólogos fuera cierta, lo que no está probado en
absoluto, no dejaría de ser un motivo de seria preocupación, por el riesgo de que esa agresividad se desmandara
en algún momento de los cauces por los que se dirige
bajo los efectos de la razón.

El primitivo instinto de reproducción, que atrae a un
sexo hacia el otro y que permite el mantenimiento de la
especie, lo rodeamos de unas actitudes «humanas», como
son la amistad, el noviazgo, el matrimonio, y de otras de
recato y pudor que impiden que vayamos por la vida de-
sahogando los instintos sin freno. En nuestros días, una
errónea tendencia social y «educativa» pretende que lo
verdaderamente humano es el uso desenfrenado de este
instinto, pero no con relación a su aspecto reproductivo,
sino limitado al disfrute corporal que le acompaña. Acabamos de ver, sin embargo, cómo esta y otras tendencias
instintivas, si están presentes en el hombre en cuanto ser
vivo, lo hacen en un nivel inferior, animal, de su complicado sistema nervioso, y, por tanto, su liberación no se corresponde con un proceso de humanización del individuo, sino todo lo contrario, con una regresión hacia

escalones más primitivos de nuestro ser, aquellos en los que apenas nos distinguimos de otras especies zoológicas que comparten con nosotros la vida sobre la tierra.

La necesidad instintiva de alimentarnos sufre también en el hombre una profunda transformación. No comemos lo primero que está a nuestro alcance ni tampoco los alimentos tal como nos los ofrece la naturaleza. Uno de los más elaborados procesos del desarrollo en todas las civilizaciones, desde el hombre de las cavernas hasta el moderno que ha llegado a la Luna y al átomo, consiste en la creación de toda una serie de ritos y costumbres alrededor del hecho, sólo en apariencia sencillo, de comer. La preparación culinaria de los alimentos, la preferencia por unos u otros, el establecimiento a lo largo del tiempo de auténticos «platos típicos», sirve para distinguir a unos pueblos de otros tan bien como pueda hacerlo su forma de vestir o su idioma.

Por otro lado, comer es el único acto fisiológico que el hombre continúa haciendo en público. Para todos los demás busca la intimidad o, cuando menos, alguna forma de disimularlos: el acto sexual, la defecación, la eliminación de la orina, el simple sonarse la nariz, la higiene corporal. Claro que hablamos del hombre actual, porque en épocas pasadas de la humanidad, y no tan lejanas a nosotros como pudiera suponerse, era habitual que, como muestra de trato amistoso y deferente, algunos personajes recibieran a sus visitantes mientras hacían sus necesidades orgánicas; o que el acto sexual de reyes y altos personajes de la nobleza tuviera que ser presenciado por testigos que así certificaban la legitimidad de los descendientes. Pero, en cuanto al comer, siempre se ha tenido como un acto natural del que no había que recatarse, sino, al contrario, adecuado para establecer con él relaciones sociales y familiares. De este modo, lo que en los animales es la satisfacción de un mero instinto, para el hombre constituye, gracias a las transformaciones otorgadas por su mente superior, un acto de la mayor importancia en la relación con sus semejantes.

La necesidad de desarrollar nuestros miembros motrices, de dar utilidad a una estructura muscular que en gran parte permanece inactiva en el quehacer cotidiano, junto al deseo de emulación, de ser mejor que otros, lo convertimos en actividad deportiva, aunque sea elemental, y en reparto de aficiones entre equipos. La persona que corre, salta, juega al fútbol, al baloncesto o al tenis hasta en sus formas más caseras está dando salida a un instinto de movilidad, de esfuerzo físico, pero transformándolo en un complejo sistema de movimientos que da lugar a cada uno de los juegos o deportes. La pasión por un equipo de fútbol, siempre que se sepa mantener dentro de unos límites de moderación, es una sana forma de derivar nuestro instinto de competitividad con los demás, en la que debe incluirse el saber perder tanto como el saber ganar.

Y así podríamos ir desgranando otras muchas «afectividades naturales» que nuestra condición de hombres y mujeres, poseedores de un cerebro altamente especializado, va transformando para lograr que sea posible una relación de convivencia entre unos y otros y a la vez que nuestra personalidad no sufra deterioro, sino que se afiance y consolide.

El alcohol, en pequeñas dosis y durante un corto período de tiempo, estimula la corteza cerebral y notamos cómo mejora nuestra capacidad de raciocinio, parece que «pensamos mejor». Pero este efecto, repito, es muy transitorio. Al poco rato, y desde luego en cuanto se sobrepasan los muy estrechos límites de cantidad tolerable, se produce una inhibición de las funciones superiores, con la consiguiente liberación de las más inferiores, las subcorticales. Ésta es la situación más frecuente tras la ingestión alcohólica y, como hemos de ver, tiene distintos resultados.

Según el grado de liberación, se pasa por un primer sentimiento de euforia, de aparente bienestar, de locuacidad, en el que las palabras salen fácilmente; la imaginación se estimula, se nos ocurren grandes cosas y se iluminan proyectos; simpatía. Pueden ser efectos buenos en ocasiones, pero lo habitual es que se acompañen de una pérdida del sentido de autocontrol, lo que lleva en muchos casos a seguir ingiriendo alcohol con la idea equivocada de que si ahora estamos bien, con más alcohol estaremos mejor todavía. El resultado es catastrófico. Aparecen en primer plano todos aquellos sentimientos que estaban dominados, frenados, se pierden conceptos como la responsabilidad, las normas elementales de convivencia, la prudencia; y el individuo se convierte en un peligro para sí mismo y para los demás.

Esta situación es mucho más peligrosa que la siguiente, la borrachera, en la que, bloqueadas incluso las funciones subcorticales, se llega a perder el conocimiento y quedan sólo las funciones automáticas. Quiero decir que el borracho «que se cae» está haciendo daño a su organismo, pero socialmente, en ese momento, apenas representa un riesgo, porque no es capaz de manejarse y menos aún de utilizar cualquier objeto o maquinaria. En cambio, en la fase anterior, cuando el sujeto se cree en posesión de facultades casi mágicas, de «superhombre», es capaz de cometer las mayores barbaridades, puesto que aún conserva intactas muchas de sus posibilidades físicas. Otras, tan importantes o más que éstas, se encuentran ya gravemente alteradas, aunque el individuo no se percate de ello como consecuencia de la falta de control sobre sí mismo y de la pérdida del sentido de juzgar sus propias capacidades.

En el caso de la conducción de vehículos, al que volveremos a referirnos más adelante, la concentración alcohólica en sangre más conflictiva y generadora de problemas está entre 1,5 y 2 gramos por mil. Con ella, el sujeto alcanza su grado máximo de irascibilidad y euforia, perdiendo inhibiciones y respeto a la ley y a las normas, pero siendo aún capaz de sentarse al volante para conducir —si bien en condiciones precarias—, lo cual resultaría muy difícil si se elevara la tasa de alcoholemia aún más. En estas circunstancias y con estos niveles, los sujetos todavía pueden ser capaces de disimular sus síntomas fingiendo normalidad ante los agentes de la autoridad[4].

A este respecto, recuerdo que un profesor de psiquiatría, de quien muchos lectores habrán oído hablar, el doctor Juan Antonio Vallejo-Nágera, nos decía a los alumnos de la Facultad de Medicina en sus clases sobre alcoholismo: «A mí me preocupa la persona que alardea de beber habitualmente sin haberse emborrachado nunca. Es mil veces preferible —afirmaba— el que confiesa haber cogido una monumental borrachera alguna vez en su vida, precisamente por no ser bebedor habitual».

Sobre las diferencias existentes entre uno y otro tipo de sujeto, entre alcoholismo y embriaguez, volveremos a hablar, y lo haremos con más detalle, en otro capítulo de este libro.

Efectos perjudiciales del alcohol

Vamos a examinar ahora qué complicaciones, agudas y crónicas, trae consigo el uso indiscriminado del alcohol.

---

[4]   R. Cabrera Bonet y J. M. Torrecilla Jiménez, *Manual de drogodependencias*, editado bajo el patrocinio de la Delegación del Gobierno para el Plan Nacional sobre Drogas (DGPNSD) y la Agencia Antidroga de la Comunidad de Madrid.

Y acabo de utilizar, deliberadamente, la palabra «indiscriminado». En efecto, el alcohol por sí mismo no es bueno ni malo; es una mezcla química de carbono, oxígeno e hidrógeno, y, en cierto sentido, puede ser considerado como un producto alimentario.

Lo primero que hay que tener en cuenta sobre cualquier producto alimentario que ingrese en el organismo es si éste tiene o no capacidad suficiente para utilizarlo.

A nadie se le ocurriría dar un plato de lentejas a un recién nacido, no porque las lentejas sean malas, sino porque estamos seguros de que no lo podría asimilar y que dañaría su todavía inmaduro aparato digestivo. Una persona alérgica al huevo, es decir, especialmente sensibilizada, no tomará a sabiendas una tortilla o cualquier otro alimento que lo contenga, ni siquiera en mínima cantidad. ¿Quién le daría a beber una copa de coñac a un chaval de cinco o seis años?

Pues el alcohol, como ya se apuntó más arriba, necesita para su correcta eliminación unos mecanismos muy complicados que van madurando con los años, como todo en nuestro organismo. Además, por su forma de actuación sobre el cerebro, de la que también se ha hablado, cuanto más desarrollada esté aquella porción cortical, racional y controladora, más difícil será que se liberen las porciones menos «humanas» de nuestro cerebro.

¿Y cuándo está el organismo maduro para tolerar sin excesivo riesgo la ingestión del alcohol? Sería difícil establecer una edad fija, como lo es hacerlo para otras maduraciones orgánicas, la sexual, el crecimiento, etc. Pero sí se puede decir que las principales funciones que participan en los efectos del alcohol, como la hepática y, sobre todo, la cerebral, no alcanzan el grado óptimo antes de los dieciocho o veinte años.

La maduración del organismo humano sigue unas pautas determinadas que podríamos sintetizar diciendo que primero madura lo más inferior o «animal» y posteriormente lo superior o «humano».

La función motora más elemental, el andar, madura alrededor del año de edad. El aparato digestivo, con sus funciones de digestión y de eliminación de residuos, tarda algo más en madurar por completo, y el niño no suele ser capaz de controlarlo hasta los dos años. Más tarde se desarrollan las habilidades motoras más delicadas, como el dibujo, la escritura de garabatos o la utilización de juguetes de construcción, por ejemplo. Las funciones intelectuales sencillas, la lectura, la escritura correcta, el cálculo, la memoria, tardan todavía un tiempo en ir madurando y constituyen lo principal del desarrollo de la persona durante los años de la primera infancia. La función sexual aparece en la pubertad y la adolescencia, cuando el desarrollo físico está a punto de concluir. Y así sucesivamente hasta completarse el conjunto de cualidades físicas y psíquicas que nos definen como seres humanos.

Es muy frecuente, aunque equivocado, pensar que las principales funciones alcanzan su punto óptimo de maduración simultáneamente. Sobre todo se tiende a creer que la madurez sexual coincide con la madurez intelectual.

La reproducción, para la que está destinado todo el aparato genital, aunque el ser humano amplíe su significado, es una función bastante primitiva en la escala zoológica, pues corresponde a la materialización de uno de los instintos primigenios. Su madurez se acompaña de los más importantes cambios físicos en el cuerpo, pero eso no quiere decir que tales cambios, que hacen al sujeto joven asemejarse ya para siempre al sujeto adulto de la especie, coincidan, y ni siquiera que vayan seguidos inmediatamente del desarrollo completo de aptitudes más altas.

Vamos a pasar revista a los efectos perjudiciales que el alcohol provoca en las distintas partes del organismo.

Aparato digestivo

Es el que primero sufre las consecuencias de la ingesta alcohólica, porque también es el primero en entrar en contacto con el alcohol.

En la **boca,** el alcohol produce una disminución de la cantidad de saliva segregada por las glándulas salivares, lo cual ocasiona sensación de sequedad. A esto se une la destrucción de muchos microbios normales que se encuentran habitualmente en la boca y que impiden que se desarrollen en las mucosas otros microbios capaces de producir enfermedades.

La boca seca y la proliferación de esos gérmenes ocasionan la aparición de frecuentes infecciones en las encías, el paladar o las amígdalas, además de provocar mal olor del aliento, que llega a adquirir un hedor como a podrido. Este mal olor no lo suele apreciar la persona que lo padece, pero sí cuantos la rodean.

El **esófago** es el conducto en forma de tubo que comunica la boca con el estómago. El alcohol produce en él una irritación de su pared interna con sensación de «ardor» que se ve incrementado con la aparición de vómitos. El llamado «reflujo» se manifiesta con la sensación de que una parte de lo que se ha comido o bebido vuelve hasta la boca con un sabor agrio y desagradable.

Se ha demostrado que el cáncer de esófago está favorecido por el consumo habitual de alcohol y más aún si se une al consumo de tabaco. Es uno de los tumores más malignos, con menos posibilidades de tratamiento médico o quirúrgico.

En el **estómago,** el alcohol provoca *gastritis,* esto es, inflamaciones de la mucosa que recubre este órgano. Puede ser una *gastritis aguda* con dolor intenso, sensación de pesadez, vómitos o hemorragias al romperse algunos de los pequeños vasos sanguíneos, venas o arterias, que existen en esa mucosa. La gastritis aguda es una de las manifestaciones más frecuentes que aparecen «a la mañana siguiente» y contribuye de forma especial al malestar físico de esas horas que siguen a una ingestión excesiva de bebidas alcohólicas.

La *gastritis crónica* se produce por una atrofia de la mucosa estomacal. Dicha atrofia perjudica la digestión de los alimentos, que se hace más pesada y dificultosa, con acumulación de gases y sensación de «no hacer la digestión», como si quedaran los alimentos retenidos en el estómago durante mucho tiempo. También la atrofia mucosa afecta a la correcta absorción de algunas sustancias fundamentales para el organismo, en especial la vitamina B_{12}, cuya misión es colaborar en la producción de glóbulos rojos en la sangre. Por consiguiente, su falta ocasiona anemia y en especial la denominada *anemia perniciosa*, de extremada gravedad, como sugiere su nombre.

El **intestino** se ve afectado por el alcohol y se produce una destrucción en mayor o menor grado de su mucosa, que es la encargada de casi toda la digestión de los alimentos y de absorber hacia la sangre los productos de esa digestión. Aparecerán entonces enfermedades por falta de una correcta nutrición y asimismo diarreas agudas o crónicas que agravarán el estado de desnutrición del sujeto.

El **páncreas** es una glándula situada muy cerca del estómago. Entre las sustancias que elabora, todas esenciales para la vida, se encuentra la hormona insulina, que regula el azúcar de la sangre y cuya carencia origina la enfermedad llamada diabetes. Las otras sustancias pancreáticas son fermentos digestivos que se vierten al intestino y sirven para que los alimentos se descompongan en sus diversas porciones o elementos, que son los que luego se absorben por el intestino y pasan a formar parte del propio organismo: azúcares, grasas y proteínas.

El alcohol es uno de los productos más dañinos para el páncreas, en el que ocasiona graves alteraciones con destrucción de sus tejidos y aparición de la enfermedad *pancreatitis aguda,* que puede llevar a la muerte en muy corto espacio de tiempo. De hecho, la inmensa mayoría de las pancreatitis se producen en personas alcohólicas o en otras que, aun no siendo bebedores habituales, han realizado una ingestión exagerada de alcohol. Si el paciente no muere en la fase aguda de la enfermedad, debe ser sometido a una importante intervención quirúrgica para extirparle todo o gran parte del páncreas, con lo que quedará de por vida con un severísimo defecto en cuanto a su capacidad digestiva, y también con una diabetes que le obligará a tener que inyectarse insulina para siempre.

El **hígado,** del que ya dijimos que era el gran laboratorio del organismo y donde se producía la mayor parte de los procesos de eliminación del alcohol, es el órgano más frecuentemente dañado por éste y de forma más grave y perjudicial para la salud.

La *hepatitis alcohólica* apenas se distingue en sus síntomas de la producida por infección de virus, la más conocida. Aparece ictericia, es decir, color amarillo de la piel y de los ojos, orinas oscuras, hinchazón del vientre, dolor y malestar general. En los casos más graves, cuando se produce una insuficiencia hepática aguda, el enfermo puede incluso llegar a entrar en coma, porque se acumulan en el organismo todas las sustancias tóxicas que deberían haberse eliminado por el hígado, ahora destruido masivamente. En estas ocasiones tan dramáticas, el único tratamiento posible para evitar la muerte del paciente es el trasplante hepático, si el estado del enfermo lo permite y se encuentra con la debida urgencia un donante adecuado.

La *cirrosis hepática* causa la muerte de varios miles de personas cada año en España. El origen más habitual de esta enfermedad es el consumo de alcohol, aunque en ocasiones está en una hepatitis por virus o en otras enfermedades que destruyen de forma crónica la estructura del hígado. El paciente se va desnutriendo poco a poco, su vientre se hace muy voluminoso al acumularse mucho líquido en su interior, y se presenta ictericia, junto con una intensa palidez. En esta enfermedad son muy frecuentes las grandes hemorragias, que se muestran como bruscos vómitos de sangre o con heces negras por el paso de la sangre al intestino. Los tratamientos actuales son poco eficaces a la larga, aunque en un primer momento puedan detener el progreso de la enfermedad.

Aparato circulatorio

El aparato circulatorio está formado por el conjunto del corazón y los vasos sanguíneos que llevan la sangre hasta el último rincón del organismo y la devuelven al corazón, así como por los que transportan la sangre hasta los pulmones para recoger allí el oxígeno del aire respirado y regresar con ella nuevamente al corazón.

El músculo que forma el corazón, llamado miocardio, se debilita por la acción continuada del alcohol, y consiguientemente aquél comienza a latir con más dificultad y menos fuerza, de modo que la sangre sale de él con menos impulso para alcanzar su destino a lo largo y ancho del cuerpo. La persona siente debilidad y cansancio en cuanto hace un mínimo esfuerzo y, cuando la enfermedad está más avanzada, incluso en reposo.

Además, los latidos cardíacos se hacen arrítmicos, y eso lo nota el sujeto en forma de «palpitaciones» o «saltos» del corazón, que parece que se detiene durante unos angustiosos segundos o se desboca ante cualquier estímulo por pequeño que sea. El efecto del alcohol es, en este sentido, tan patente que se ha descrito el llamado «corazón del día de fiesta»: al finalizar una jornada durante la que se han ingerido abundantes bebidas alcohólicas, el corazón late de forma desordenada por espacio de unas horas, para normalizarse tras el descanso y cuando ya el alcohol ha sido eliminado por completo; las sienes y la cabeza entera parecen retumbar con los latidos, que incluso llegan a dificultar el sueño.

La *hipertensión arterial* es una de las enfermedades más extendidas en la humanidad, y obedece a múltiples causas, muchas de las cuales permanecen todavía desconocidas para la medicina. Pero entre las causas bien conocidas se encuentra el consumo inmoderado y prolongado de bebidas alcohólicas. Las consecuencias de la hipertensión arterial son asimismo variadas, pero todas ellas graves para la salud. De las mismas habría que destacar las hemorragias cerebrales, las lesiones de corazón o la pérdida de la vista.

Enfermedades de la sangre

La principal de ellas es la *anemia*. A la aparición de esta enfermedad contribuyen varios factores dependientes del consumo de alcohol. En primer lugar está la propia acción del alcohol sobre la sangre, al destruir una parte de los glóbulos rojos. Luego, las ya mencionadas alteraciones en el estómago, que impiden la correcta absorción de ciertas vitaminas esenciales para la formación de esos glóbulos y de la hemoglobina, el pigmento que ellos contienen y que es el encargado de transportar el oxígeno desde los pulmones hasta todas las células del organismo. Y en tercer lugar —quizá el factor más importante—, hay que tener en cuenta que quien bebe de forma habitual suele comer menos de lo debido, puesto que las calorías que aporta el alcohol le hacen necesitar menos alimentos, a pesar de que esas calorías alcohólicas no son verdaderamente útiles para el funcionamiento del organismo, como las procedentes de la alimentación.

Aparato glandular o endocrino

Las glándulas endocrinas son unas estructuras situadas en diversas partes del organismo que producen sustancias denominadas *hormonas*, que pasan directamente a la sangre y cuyas misiones son fundamentales para la vida. Algunas glándulas endocrinas son las siguientes:

– La *hipófisis*, situada en la base del cerebro, que es algo así como el rector de todas las demás, porque produce hormonas que regulan el funcionamiento de las otras glándulas.

– El *tiroides*, situado en el cuello: sus hormonas intervienen en todo el metabolismo.

– Las *glándulas suprarrenales*, situadas, como su nombre indica, encima de los riñones, fabrican numerosas hormonas que regulan, entre otras cosas, la adaptación al esfuerzo —la *adrenalina* y los *corticoesteroides*—, la tensión arterial y la defensa contra las infecciones.

– El *páncreas*, del que ya se habló como productor de *insulina*.

– Los *ovarios* y los *testículos*, que, además de formar las células germinales femeninas y masculinas —*óvulos* y *espermatozoides*—, producen varias hormonas de las que depende en gran parte el desarrollo de la sexualidad y la capacidad reproductora del ser humano.

El alcohol actúa de forma perjudicial sobre todas estas glándulas, pero de modo más intenso sobre las suprarrenales y las sexuales. El consumo prolongado de alcohol determina una deficiente producción de las correspondientes hormonas, con los efectos que cabría esperar: disminución de la capacidad para defenderse de las infecciones, de la posibilidad de responder adecuadamente a una situación de estrés, y, sobre todo, disminución de la fertilidad y del apetito sexual, por atrofia de ovarios y testículos. Asimismo, en el hombre, al disminuir la producción de hormonas masculinas, se produce un cierto grado de «feminización», con acúmulo de grasa en las caderas y en el pecho; en la mujer, la correspondiente «masculinización» puede dar lugar a la aparición de vello en la cara.

Sistema nervioso

En las alteraciones provocadas por el alcohol en el sistema nervioso podemos distinguir las que afectan al cerebro y a los nervios de aquellas que se manifiestan como alteraciones psiquiátricas. Estas últimas serán tratadas con más detenimiento en otro capítulo de este libro, el dedicado a la embriaguez y el alcoholismo crónico. Ahora sólo aludimos brevemente a ellas.

El alcohol produce un descenso de la actividad mental una vez superado el estrecho límite de cantidad que inducía, como vimos antes, a un estímulo de esas actividades. Desciende también la facultad de crítica y la capacidad de reacción ante los problemas, grandes o pequeños, que se plantean al intelecto. Fácilmente se comprenderán las graves consecuencias que puede traer en un período de la vida en que la principal ocupación consiste en desarrollar estas capacidades con el estudio. Recientemente se han realizado investigaciones estadísticas en centros escolares y se ha comprobado que un buen número de los llamados «fracasos escolares», es decir, de los suspensos reiterados, se da entre chicos y chicas que beben alcohol con frecuencia.

Muy importante es el efecto causado por el alcohol en el ánimo del sujeto, con frecuentes cambios, de optimismo a pesimismo, de alegría o serenidad a tristeza y actitud agresiva.

Asimismo, se comprueba cómo, al relajarse por el alcohol la capacidad de juicio y raciocinio, el que bebe se convierte en un ser fácilmente influenciable por otros, pierde «personalidad» y acaba por ser un títere en manos de los «listos» de turno, que nunca faltan, o de los que parecen más fuertes y listos, cuando muchas veces no son más que matones y chulos.

En cuanto a las manifestaciones puramente neurológicas, esto es, que no afectan a la mente, hay que resaltar la frecuente aparición de *neuritis,* con intenso dolor de cabeza o de alguna extremidad, según el nervio que enferme. Una de las neuritis más graves es la que afecta al nervio óptico, el que recibe y transmite las imágenes percibidas por los ojos. La consecuencia de esta enfermedad, a la que también contribuye la mala alimentación crónica de los bebedores, es la pérdida definitiva, irreparable, de la vista.

Todo el cerebro sufre una progresiva degeneración con el uso continuado del alcohol, y poco a poco aparecen síntomas como mareos, vértigos, dificultad para caminar y, sobre todo, para utilizar las manos en movimientos delicados o de precisión, como los necesarios para desarrollar muchas actividades cotidianas y laborales.

En ocasiones, el alcohol puede desencadenar la aparición de crisis convulsivas, como las epilépticas cuando el sujeto ya padecía la enfermedad pero estaba controlada con la toma de los medicamentos adecuados.

El alcohol y los medicamentos

Acabo de mencionar los medicamentos en relación con el alcohol, y éste es un punto del mayor interés que debe quedar extraordinariamente claro por las gravísimas consecuencias que se derivan de su habitual desconocimiento.

Son muchas las medicinas que de una u otra manera influyen en el sistema nervioso modificando sus actividades. Unas lo hacen porque ésa es precisamente su misión: son los productos utilizados para el tratamiento de cualquier trastorno psíquico o nervioso, como el insomnio, la depresión, la ansiedad, etc. Hoy día se trata de fármacos muy extendidos entre la población y será excepcional el hogar en que no se encuentre alguno de ellos.

Otros tienen esa acción como efecto secundario de su verdadera utilidad: algunos medicamentos contra la hipertensión arterial o de los que se utilizan en ciertos trastornos digestivos, anticatarrales, antigripales, etc. La mezcla del alcohol con cualquiera de estos productos medicamentosos puede resultar auténticamente explosiva. Los efectos sedantes o estimulantes sobre el sistema nervioso del medicamento se añaden a los de igual tipo que produce el alcohol, y la consecuencia natural es un exagerado estímulo o una igualmente exagerada depresión que supera con mucho lo tolerable por el organismo.

Todos los medicamentos expresan en sus prospectos las posibles contraindicaciones de su consumo junto con el alcohol. Pero una mayoría de las personas que deben seguir un tratamiento no leen los prospectos o no los entienden, por lo que ignoran el peligro al que están expuestas. Otras veces la mezcla se hace de modo voluntario, buscando con ella precisamente la potenciación de esos efectos, en la creencia de que se va a disfrutar más con la bebida.

Como son muchísimos los medicamentos de este tipo, una medida práctica de utilidad general consiste en que toda persona que esté recibiendo medicación de cualquier tipo debe abstenerse absolutamente de tomar ni siquiera una pequeña cantidad de alcohol.

El alcohol y la conducción de vehículos

El vigente Código Penal español recoge en el capítulo IV de su título XVII los delitos «contra la seguridad del tráfico». Veamos los artículos que hacen referencia concreta a este problema:

Art. 379: El que condujese un vehículo a motor o un ciclomotor bajo la influencia de drogas tóxicas, estupefacientes, sustancias psicotrópicas o de bebidas alcohólicas, será castigado con la pena de arresto de ocho a doce fines de semana o multa de tres a ocho meses y, en cualquier caso, privación del derecho a conducir vehículos a motor y ciclomotores, respectivamente, por tiempo superior a uno y hasta cuatro años.

Art. 380: El conductor que, requerido por el agente de la autoridad, se negase a someterse a las pruebas legalmente establecidas para la comprobación de los hechos descritos en el artículo anterior, será castigado como autor de un delito de desobediencia grave, previsto en el artículo 556 de este Código (prisión de seis meses a un año).

Art. 381: El que condujese un vehículo a motor o un ciclomotor con temeridad manifiesta y pusiera en concreto peligro la vida o la integridad de las personas, será castigado con las penas de prisión de seis meses a dos años y privación del derecho a conducir vehículos a motor y ciclomotores por tiempo superior a uno y hasta seis años.

Art. 384: Será castigado con las penas de prisión de uno a cuatro años, multa de seis a doce meses y privación del derecho a conducir vehículos a motor y ciclomotores por tiempo superior a seis y hasta diez años, el que, con consciente desprecio por la vida de los demás, incurra en la conducta descrita en el artículo 381.

Cuando no se haya puesto en concreto peligro la vida o la integridad de las personas, la pena de prisión será de uno a dos años, manteniéndose el resto de las penas.

Art. 385: El vehículo a motor o el ciclomotor utilizado en los hechos previstos en el artículo anterior se considerará instrumento del delito a los efectos del artículo 127 de este Código (decomiso del vehículo y posterior inutilización o venta en subasta pública para cubrir las responsabilidades civiles del penado).

Junto a estos artículos, y como es norma en el ámbito legal, hay que tener en cuenta la jurisprudencia derivada de las sentencias de la más alta magistratura judicial, el Tribunal Supremo. A los efectos que aquí nos interesan, reseñaré sólo dos de estas sentencias:

STS 22 febrero 1989: La conducción de vehículos de motor bajo la influencia de bebidas alcohólicas se ha convertido en un factor criminógeno de primer orden y así se comprueba en el ranking *(sic)* de los más graves accidentes circulatorios *(sic)*, fenómeno delictivo que ha obligado a casi todos los países, entre ellos el nuestro, a la concreción de una primera figura típica que, adelantando las barreras punitivas, considera como delito de riesgo el hecho de conducir bajo tal influencia aun antes de que se produzca un resultado mortal o lesivo para las personas o detrimento patrimonial para las cosas, de modo que cuando se produzcan tales males como consecuencia de aquella ingestión de bebidas alcohólicas, el consiguiente delito culposo habrá de ser considerado en el ápice *(sic)* de gravedad, esto es, de imprudencia temeraria por nuestra técnica legislativa.

STS 14 julio 1993: Ciertamente no basta el dato objetivo del grado de impregnación alcohólica, sino que es preciso acreditar la influencia que la misma tenga en la conducción (STC 5/1989 de 15 de enero). Y si el Tribunal Supremo en anteriores declaraciones (sentencia de 2 de mayo de 1981) manifestó que no es necesario demostrar que hubo «un peligro concreto», y en la actual redacción de «manifiesta» *(sic)*, referida a la influencia del alcohol en la conducción, termina por afirmar (en SS de 9 de diciembre de 1987 y 6 de abril de 1989) que además del dato objetivo del grado de alcoholemia es menester probar que la «conducción» estuvo *influenciada* por el alcohol.

Las páginas de sucesos de los periódicos y los noticiarios de los otros medios de comunicación se hacen eco constantemente del gran número de accidentes de circulación en cuyo desarrollo ha intervenido el consumo de alcohol por parte de alguna de las personas involucradas. Según los estudios de la Dirección General de Tráfico, en España se producen cada año cerca de 4.000 accidentes en los que una o varias personas implicadas se encontraban bajo los efectos del alcohol. De estos accidentes anuales resultan casi 300 muertos y 6.000 heridos. En general, son achacables al alcohol el 40% de los accidentes de tráfico mortales. La conjunción de alcohol y vehículo de motor se ha denominado, con una expresión muy gráfica, **cóctel explosivo.**

Los jóvenes son los principales protagonistas de estos accidentes, y los fines de semana, los días en que se producen tantos como en el resto de la semana. La explicación natural es que durante esas jornadas de fin de semana, sobre todo los viernes y los sábados por la noche, son los menores de veinticinco años quienes consumen más alcohol y a la vez utilizan vehículos automóviles que son también cada vez más potentes y, por tanto, peligrosos.

El riesgo de sufrir un accidente de circulación conduciendo un vehículo está en relación con la cantidad de alcohol contenido en la sangre, pero el aumento del riesgo se produce a un ritmo muy superior al del aumento de ese contenido alcohólico.

Por ejemplo, si se admite que un conductor cuya *alcoholemia* —tasa o porcentaje de alcohol en sangre— es nula tiene una probabilidad de sufrir o causar un accidente, tal probabilidad aumentaría así:

– 6 para una alcoholemia de 1.
– 25 para una alcoholemia de 1,5.
– 60 para una alcoholemia de 2.

Pero debemos recordar que la misma cantidad de bebida consumida no afecta por igual a todas las personas, e incluso a la misma persona según su estado de ánimo, su cansancio, el que esté o no tomando alguna clase de medicación, etc.

Generalmente se admite que la zona peligrosa comienza con una concentración de **0,8 gramos por litro de sangre.** Ésta es la tasa de alcoholemia que ha sido por mucho tiempo aceptada como máxima para permitir el uso de vehículos en la mayoría de los países.

El Reglamento General de Circulación (el conocido comúnmente como *Código de la Circulación),* en su última redacción, la vigente desde 1999, y en el artículo 21, dice lo siguiente:

> Ningún conductor de vehículo podrá circular por las vías objeto de la legislación sobre tráfico, circulación de vehículos a motor y seguridad vial, con una tasa de alcohol en sangre superior a 0,5 gramos por litro, o de alcohol en aire espirado superior a 0,25 miligramos por litro.
>
> Cuando se trate de vehículos destinados al transporte de mercancías con un peso máximo autorizado superior a 3.500 kilogramos, sus conductores no deberán conducir con una tasa de alcohol en sangre superior a 0,3 gramos por litro, o de alcohol en aire espirado superior a 0,15 miligramos por litro; si se trata de vehículos destinados al transporte de viajeros con más de nueve plazas, o de servicio público, al escolar y de menores, al de mercancías peligrosas o de vehículos de urgencia o transportes especiales, sus conductores no podrán hacerlo con una tasa de alcohol en sangre superior a 0,3 gramos por litro, o de alcohol en aire espirado superior a 0,15 miligramos por litro.

Sobre la relación entre la alcoholemia y los riesgos de la conducción, la Dirección General de Tráfico ha establecido, a título puramente indicativo, el siguiente cuadro:

Tasas de alcoholemia	Efectos	Riesgo
De 0,5 a 0,8	Pocos efectos aparentes. Tiempo de reacción más lento. Reacciones motrices perturbadas. Euforia del conductor.	**Zona de alarma**
De 0,8 a 1,5	Reflejos cada vez más perturbados. Embriaguez ligera pero ya aparente. Disminución de la vigilancia.	**Conducción peligrosa**
De 1,5 a 3	Embriaguez neta. Vista doble. Actitud titubeante.	**Conducción sumamente peligrosa**
De 3 a 5	Embriaguez profunda.	**Conducción imposible**

¿Y con qué cantidad y tipos de bebida se alcanzan estos niveles?

Veamos las concentraciones alcanzadas a la media hora en una persona de 75 kilogramos de peso (por tanto, en alguien de menos peso estas concentraciones serán aún mucho mayores):

– 3 copas de aperitivo: 0,9 gramos por mil.
– 1 litro de cerveza: 0,8 gramos por mil.
– 1 litro de vino: 1 gramo por mil.
– 2 whiskies dobles: 1 gramo por mil.
– 2 copas de coñac: 1 gramo por mil.
– $1/2$ litro de champán: 1,2 gramos por mil.

En ayunas, la cantidad máxima de alcohol en la sangre se alcanza entre quince y treinta minutos después de su ingestión. Si se toma durante las comidas, este nivel máximo tarda en alcanzarse entre una y tres horas. Son necesarias luego varias horas sin tomar nuevamente alcohol para que la alcoholemia baje a cero.

La ingestión continuada de bebidas alcohólicas, a cortos intervalos, hace que las alcoholemias se acumulen y suban a niveles muy altos. Es decir, que si se bebe a menudo, se mantiene mucho tiempo el alcohol en la sangre y tarda más tiempo en eliminarse.

El que ha bebido debe tener todo esto en cuenta y esperar entre tres y seis horas antes de ponerse a conducir un vehículo o iniciar una actividad peligrosa. Aunque lo más lógico sería abstenerse de consumir bebidas alcohólicas si se va a conducir.

Como resumen, debe quedar claro en el pensamiento de cualquier persona, joven o mayor, hombre o mujer, la enorme peligrosidad de la mezcla alcohol-vehículo, expresada en una frase que se ha hecho célebre como norma beneficiosa: «Si conduces, no bebas. Si bebes, no conduzcas».

Datos de interés

☞ El alcohol se absorbe más deprisa cuando se ingiere en ayunas. El acompañarlo de comida permite un paso más lento a la sangre.

☞ La concentración de alcohol en la sangre *(alcoholemia)* depende tanto de la cantidad que contiene una bebida como del peso corporal del individuo que la toma.

☞ La eliminación del alcohol se efectúa fundamentalmente a través del hígado, el órgano que más sufre con el exceso de alcohol.

☞ Los riñones producen más orina cuando se consume alcohol y eso provoca la frecuente necesidad de evacuar la vejiga.

☞ El cerebro humano posee un desarrollo que le permite controlar las actividades puramente animales y dirigirlas hacia actitudes beneficiosas para el individuo y la sociedad.

☞ El alcohol provoca una depresión en las capas superiores del cerebro que son las que rigen el juicio y el pensamiento.

☞ En edades inferiores a los dieciocho o veinte años, el organismo no está suficientemente capacitado para digerir y eliminar el alcohol en ninguna cantidad.

☞ La maduración orgánica para algunas funciones, como la sexual, es anterior a la completa y correcta maduración de otras, como el raciocinio y la justa medida de las responsabilidades morales.

☞ El uso inmoderado de alcohol provoca enfermedades, algunas muy severas y hasta mortales, en muchos órganos: gastritis, hipertensión, cirrosis, anemia, arritmias cardíacas, impotencia sexual.

☞ El consumo de alcohol cuando se está utilizando alguna medicación puede potenciar los efectos de ésta, con resultados indeseables.

☞ El consumo de alcohol durante el embarazo lesiona gravemente el feto, y el niño puede nacer con importantes malformaciones y retraso mental.

☞ La conducción de vehículos bajo los efectos del alcohol provoca el 40 % de los accidentes mortales de circulación.

☞ La eliminación completa de ese alcohol puede requerir más de tres horas de total abstinencia.

☞ Si conduces, no bebas. Si bebes, no conduzcas.

Capítulo 3

Embriaguez y alcoholismo

Embriaguez

La embriaguez, o borrachera, es una **intoxicación alcohólica aguda.** No tiene necesaria relación con el **alcoholismo,** que, como luego veremos, es la dependencia física del alcohol en bebedores crónicos. La embriaguez es un hecho muy común y conocido en nuestra cultura y, desgraciadamente, se suele aceptar con bastante benevolencia, incluso entre las personas jóvenes.

Cuando se ingiere una cantidad demasiado grande de bebidas alcohólicas en poco tiempo, el alcohol pasa con rapidez a la sangre y a través de ella llega al cerebro, desorganiza su funcionamiento y produce los signos y síntomas de la embriaguez.

Una misma cantidad de alcohol puede dar lugar a alcoholemias muy diferentes en una persona, en función de que sea tomada durante una comida o en ayunas, de forma rápida o espaciada. Otras circunstancias que influyen aumentando los efectos de una misma cantidad de alcohol son las siguientes: la fatiga, el estado emotivo, la toma simultánea de medicamentos sedantes o excitantes, la menstruación y el embarazo en las mujeres, las altas temperaturas ambientales o las excesivamente frías.

Hay personas que pueden tener una intoxicación aguda aislada o muy esporádicamente, pero otras las tienen con mucha frecuencia. Cuando son únicas o aisladas, los efectos serán tanto más evidentes cuanto menos habituada a beber esté la persona.

Existe una rara enfermedad del metabolismo que produce en ciertas personas una intolerancia al etanol, y que se manifiesta en el hecho de que estos sujetos, tras ingerir cantidades muy pequeñas de alcohol, presentan graves alteraciones comparables a la embriaguez. Además suelen tener en este estado gravísimas alteraciones de la conducta, con gran agitación, agresividad hacia sí mismos y hacia los demás, delirios furiosos y convulsiones. Todo ello, repito, con mínimas cantidades de alcohol que en una persona normal no provocarían síntoma alguno. Pero son casos excepcionales (como el que aparece en una película titulada *Cita a ciegas*) que de ninguna manera nos pueden servir de excusa ante la realidad mucho más habitual de una persona sana que se embriaga y que siempre lo hace por exceso de alcohol.

Para comprender las fases de la intoxicación debemos recordar que por la acción del alcohol sobre el cerebro se produce:

- Un *aumento* de la euforia, de la despreocupación, de la temeridad y de la agresividad.
- Una *disminución* de la vigilancia, de los reflejos, del campo visual y de las facultades mentales.

El alcohol, en pequeña cantidad, excita las células nerviosas del cerebro; en mayor cantidad, las deprime.

La embriaguez tiene distintos grados, desde un grado poco aparente de alarma, hasta el grado máximo, que puede llegar a la muerte. Se puede dividir en cuatro fases según detallan los estudios del Ministerio de Sanidad y Consumo.

Primera fase

En el grado menor, la persona está eufórica —otras veces deprimida— y locuaz, habla mucho aunque no tenga en realidad nada o muy poco que decir. El estado de ánimo está exaltado, la persona se siente fuerte y segura de sí misma. El cansancio, la fatiga y las limitaciones de cada persona no desaparecen, pero sí desaparece su capacidad para darse cuenta de ellos. Sus reflejos le parecen a la persona más vivos que nunca, pero en realidad el tiempo de reacción está alargado y disminuye la coordinación entre la vista y las manos, de tal forma que los movimientos para coger o tocar algún objeto son más torpes.

Estamos frente a una progresiva pérdida de control de la corteza cerebral, la parte —como ya se ha comentado— más evolucionada en las especies animales, la que distingue al hombre de las demás especies y que le permite conocer y modificar el medio en el que vive. Esta acción excitante es el resultado del bloqueo de los mecanismos cerebrales que frenan o retardan los impulsos.

Esta fase aparece entre unas cifras de alcoholemia comprendidas entre 0,5 y 0,8 gramos por litro. Esta alcoholemia, recordémoslo, se alcanza a la media hora de ingerir —una persona de 75 kilogramos— un litro de cerveza, dos whiskies o 3/4 de litro de vino corriente.

Con alcoholemias inferiores a 0,5 gramos por litro, los efectos del alcohol pueden resultar inaparentes, pero ya está actuando sobre el sistema nervioso y es capaz de limitar la respuesta del individuo en circunstancias donde se necesita la más absoluta lucidez, aunque quizá no lo haga todavía en condiciones normales.

Segunda fase

Conforme la embriaguez avanza, los reflejos están más alterados, los movimientos son más torpes; la excitación conduce a un comportamiento más peligroso; la locuacidad se vuelve incoherencia verbal, se comienza a «decir tonterías» y a «trabarse la lengua». La persona canta o grita, discute o pelea, toma iniciativas impulsivamente.

Este estado se corresponde con alcoholemias entre 0,8 y 1,5 gramos por litro, que se alcanzan bebiendo en ayunas litro y medio de vino corriente, dos litros de cerveza o varias copas de licor.

Tercera fase

Si progresa la embriaguez, porque se continúa bebiendo, el comportamiento sigue siendo peligroso. La persona tiene dificultades de equilibrio, anda titubeando o pierde la estabilidad y cae al suelo. La vista está nublada, hasta llegar a la visión doble por alteración de los finos mecanismos nerviosos y musculares que regulan la mirada en paralelo de ambos ojos. La sensibilidad del tacto disminuye y es difícil reconocer los objetos tocándolos y más aún el manejo delicado de alguna maquinaria, por sencilla que sea. Puede haber vómitos. La conducta se altera cada vez más profundamente hasta llegar a ser como la de las psicosis, con manías, obsesiones e imaginación de ver o sentir cosas que sólo existen en la cabeza del beodo.

Esta fase se alcanza con niveles de alcoholemia de 1,5 a 4 gramos por litro, que supone el consumo de dos o tres litros de vino, varias «litronas» de cerveza, de ocho a diez copas de whisky o licor equivalente. Hay que recordar siempre que la mezcla de varias bebidas alcohólicas con aparente bajo contenido alcohólico cada una de ellas puede hacer que se sumen sus efectos hasta alcanzar estos niveles tan altos.

Cuarta fase

Es la zona de riesgo vital. Si la ingestión de alcohol continúa y la alcoholemia sobrepasa los 4 o 5 gramos por litro de sangre, se alcanza el grado mayor de embriaguez, la persona se desploma y entra en un sueño tan profundo que es ya un estado de coma del que no se despierta espontáneamente y que puede llegar a la muerte.

En esta fase, como también en la anterior, es frecuente que el individuo en estado de embriaguez sea abandonado por las personas que han compartido con él sus horas de bebida, pero que no son capaces de prestarle la ayuda física que en esos momentos necesita o no se atreven a hacerlo.

Durante ese período de abandono, el borracho estará sometido a muchos riesgos añadidos. Puede ser atropellado por algún vehículo; padecer las inclemencias del tiempo, sobre todo del frío, que le provocará gravísimas congelaciones por tener alterado el sistema circulatorio que mantiene la temperatura corporal constante; ser objeto de robo o maltrato; y, en fin, sufrir accidentes mortales, como caídas por escaleras, ventanas, precipicios, etc.

Alcoholismo

En este apartado vamos a seguir también los criterios establecidos por el Ministerio de Sanidad y Consumo y los que registra la Consejería de Salud de la Comunidad de Madrid.

El alcoholismo es una **dependencia patológica del alcohol.** El individuo alcohólico es aquel que la sufre, de tal modo que sus preocupaciones y su comportamiento están centrados en la bebida, ya que la dependencia física del alcohol le exige beber para poder mantener el equilibrio biológico y evitar la aparición de los síntomas que provoca la abstinencia.

El alcoholismo es ya una auténtica enfermedad, definida por la presencia simultánea de cuatro fenómenos: la *tolerancia,* la *dependencia psíquica,* la *dependencia física* y los síntomas de *abstinencia.*

La **tolerancia** es el fenómeno por el cual el individuo necesita cantidades progresivamente mayores de alcohol para obtener los mismos efectos que antes obtenía con cantidades menores. También se denomina **acostumbramiento** o **habituación.**

Esta tolerancia se desarrolla por exposición a alcoholemias elevadas. En general se considera que un consumo habitual por encima de 100 centímetros cúbicos de alcohol absoluto al día constituye un alto riesgo de alcoholismo. Esta cantidad es la contenida en un litro de vino o en dos whiskies dobles, por ejemplo.

El individuo aprende a reaccionar a los efectos embriagantes del alcohol ejerciendo un control y vigilancia del propio comportamiento en estado de embriaguez; es decir, no llega a manifestar aquellos síntomas tan aparatosos de la borrachera que comentamos antes. Por otra parte, el organismo, y sobre todo el hígado, desarrolla procesos metabólicos secundarios que permiten una más rápida eliminación del alcohol.

Se trata, pues, de esas personas que bebiendo habitualmente cantidades importantes de alcohol, dicen que no se emborrachan nunca, y en realidad no se les suele ver nunca bajo los efectos de una intoxicación alcohólica aguda. Estos sujetos son con frecuencia los que incitan a otros a beber más de la cuenta para «acompañarles», haciendo creer a los demás que tendrán su misma tolerancia.

La tolerancia o acostumbramiento aparece a diferente velocidad según las personas, y aun en cada una de éstas también a diferente velocidad para cada uno de los efectos que hemos ido conociendo del alcohol: tranquilizante, euforizante, etc.

El bebedor desarrolla enseguida una **dependencia psíquica,** que es el impulso que lleva a tomar periódica o continuamente bebidas alcohólicas para experimentar placer o evitar molestias. Esto provoca una situación en la cual las preocupaciones y el comportamiento de la persona están centrados en la bebida, en buscar las ocasiones de beber y en tener bebida disponible. En un capítulo posterior de este libro comprobaremos cómo este fenómeno de dependencia psíquica está muy presente en los hábitos de conducta de los jóvenes ante la bebida.

Los criterios diagnósticos para las enfermedades psíquicas utilizados por los médicos son los que establece la Academia Americana de Psiquiatría, recogidos periódicamente en un texto de uso general denominado DSM (Manual Diagnóstico y Estadístico). En su última edición, la DSM-IV, los criterios para definir la existencia de una dependencia psíquica del alcohol (o de cualquier otra droga) se establecen así:

- La sustancia (en este caso el alcohol) es tomada con frecuencia en cantidades mayores o durante un período más largo de lo que inicialmente se pretendía.
- Existe un deseo persistente o esfuerzos infructuosos de controlar o interrumpir el consumo de alcohol.
- Se emplea mucho tiempo en actividades relacionadas con la obtención de alcohol, en su consumo o en la recuperación de sus efectos.
- Reducción de importantes actividades sociales, laborales o recreativas debido al consumo de alcohol.
- Se continúa tomando alcohol a pesar de tener conciencia de problemas psicológicos o físicos recidivantes o persistentes, que parecen causados o exacerbados por el consumo de alcohol (por ejemplo, sabiendo que empeora una úlcera gástrica o un padecimiento hepático).

Si se cumplen al menos tres de estos criterios, estamos ante un caso de dependencia psíquica del alcohol, aun cuando el sujeto no sea consciente de ello, y el médico deberá poner en marcha una terapia que muchas veces el propio paciente no es capaz de reclamar por ese desconocimiento de su problema. En no pocas ocasiones, quizá en la mayoría, deberán ser los familiares o allegados a esa persona quienes perciban estos signos y los pongan en conocimiento del médico.

Al mismo tiempo se va estableciendo la **dependencia física,** que es la situación en la cual los tejidos del organismo, especialmente el sistema nervioso, necesitan la presencia de alcohol para mantener su funcionamiento y equilibrio. Se precisa un alto grado de tolerancia para poder mantener durante mucho tiempo unos niveles de alcoholemia tan críticos que su descenso provoque síntomas.

El **síndrome de abstinencia** es el conjunto de esos síntomas que aparecen tras la suspensión o disminución de la ingesta, tanto después de beber cantidades grandes de alcohol durante mucho tiempo como después de un período de uno o varios días en los que se ha bebido intensamente.

Los síntomas de abstinencia después de un período de bebida corto pero intenso son los que constituyen la *resaca,* caracterizada por dolor de cabeza, náuseas, vómitos, mareos, vértigos, insomnio, temblor, ansiedad, sequedad «estropajosa» de la boca, etc.

Cuando el bebedor es habitual, los síntomas de la abstinencia suelen aparecer por las mañanas al despertar, cuando lleva sólo unas horas sin beber. Pueden ser leves o muy graves, según el tiempo de evolución. Comienzan con sudores matutinos y náuseas o vómitos, temblores en las manos, ansiedad o depresión e irritabilidad. El sujeto alcohólico empieza a beber nada más despertarse para encontrarse mejor, con lo que en realidad no hace sino agravar y perpetuar el problema.

Los síntomas aún más intensos del síndrome de abstinencia se manifiestan con aumento de la tensión arterial, desorientación, deterioro de la memoria y crisis epilépticas que aparecen a las pocas horas de suspender la ingestión de alcohol.

El antes citado DSM-IV registra los siguientes criterios para el síndrome de abstinencia de alcohol:

A.—Interrupción (o disminución) del consumo de alcohol después de su consumo prolongado y en grandes cantidades.

B.—Dos o más de los siguientes síntomas desarrollados horas o días después de cumplirse el Criterio A:

1. Hiperactividad autonómica (por ejemplo, sudoración o más de 100 pulsaciones por minuto).
2. Temblor de manos.
3. Insomnio.
4. Náuseas o vómitos.
5. Alucinaciones visuales, táctiles o auditivas transitorias, o ilusiones.
6. Agitación psicomotora.
7. Ansiedad.
8. Crisis epilépticas.

C.—Los síntomas del Criterio B provocan un malestar clínicamente significativo o un deterioro de la actividad social y laboral, o de otras áreas importantes de la actividad del sujeto.

D.—Los síntomas no se deben a enfermedad médica (no psíquica, es decir, orgánica) ni se explican mejor por la presencia de otro trastorno mental.

El grado máximo de síndrome de abstinencia es el llamado **delirio por abstinencia alcohólica** o **delirium tremens**, palabra esta última que, en fácil traducción del latín, significa «tremendo», porque efectivamente lo son los síntomas que presenta el sujeto que lo padece.

Generalmente se inicia entre el segundo y el tercer día de abstinencia, y con el tratamiento médico y hospitalario adecuado puede desaparecer al cabo de aproximadamente una semana. Su presentación se ve favorecida por otros factores, como infecciones o traumatismos, y es aún más grave si coincide con fiebre o con un mal estado nutritivo, lo cual es frecuente entre los alcohólicos. Tiene un importante grado de mortalidad y mucho mayor de complicaciones, como la demencia, la pérdida definitiva de la memoria o trastornos gravísimos de la personalidad.

Los síntomas comienzan por una agudización de los que se han descrito en el síndrome de abstinencia, pero rápidamente evolucionan hacia una extraordinaria inquietud y la presentación de alucinaciones visuales y táctiles. El enfermo cree ver monstruos que le atacan; los objetos de la habitación toman vida y se transforman en seres horrendos; aparecen ante su vista animales repugnantes que trepan a la cama y le muerden. Las alucinaciones táctiles hacen que sienta el roce de la ropa como un objeto ardiente que le quema la piel, o nota agudos y dolorosos pinchazos al tocar cualquier objeto suave o a otra persona. Todas estas cosas son reales para el enfermo, que las vive con una creciente sensación de espanto, la cual le puede llevar a cometer actos agresivos contra los objetos y las personas que le rodean o contra sí mismo, no siendo raro el caso de enfermos con *delirium tremens* que se han arrojado por la ventana huyendo de las visiones horribles.

Otros síntomas del alcoholismo

El síndrome de abstinencia que acabamos de describir en sus formas leves y graves no es sino un final casi obligado de la enfermedad alcohólica. Pero el bebedor habitual padece una larguísima serie de signos y síntomas que lo convierten en un enfermo crónico. Mostraremos algunos de estos padecimientos, aunque la lista podría ser mucho más larga que la que detallamos a continuación:

- Jovialidad exagerada, con indiferencia optimista ante una problemática que no sabe asumir ni comprender.

- Dificultad de concentración y en ocasiones desorientación témporo-espacial, confundiendo los lugares en los que se encuentra o el momento en que
está realizando alguna actividad.
- Trastornos de memoria, destacando las denominadas «lagunas», períodos de amnesia retrógrada
sobre los acontecimientos que se produjeron durante los episodios de intoxicación aguda. En ocasiones el sujeto intenta llenar esos «vacíos» de memoria con fabulaciones o imaginaciones, llegando
a creerse él mismo lo que sólo su mente imagina que
sucedió en ese tiempo.
- Irritabilidad y susceptibilidad. No tolera contra-
dicciones ni frustraciones y responde a ellas con
agresividad frente a los demás. Sospecha del comportamiento hacia él de cuantos le rodean y teme
siempre que pretendan dañarle.
- Incapacidad para ejecutar planes expuestos ver-
balmente, por la dificultad que tiene para entender
una larga serie de razonamientos y para establecer
proyectos de futuro.
- Promesas reiteradas de resolver sus problemas, que
incumple siempre. Es muy característica esta actitud cuando se le recrimina por el hecho de la bebida o por los continuos problemas que provoca
en sus relaciones personales o laborales.
- Justificaciones y excusas constantes para cuantas
cosas ha dejado de hacer o ha hecho incorrecta-
mente. No asume nunca su responsabilidad y menos aún admite que su problema radique en la bebida.
- Celos patológicos del cónyuge o del novio o novia.
Puede ser una situación leve que sólo se presenta
durante los episodios de intoxicación aguda, o más
grave, y que persiste aun en fases de abstinencia.

Suelen ir acompañados de insultos y muchas veces de agresión física. En la aparición de estas manifestaciones celotípicas puede influir, aparte del propio efecto del alcohol sobre el cerebro, el que el alcohólico es consciente de su inferioridad sexual, ocasionada, como vimos en otro capítulo, por la acción del alcohol sobre las glándulas.

La depresión es muy frecuente entre quienes consumen alcohol inmoderadamente. En muchas ocasiones son los síntomas depresivos los que hacen que la persona consulte al médico descubriéndose entonces su adicción al alcohol, que quizá ni el mismo paciente sospechaba. Estos síntomas depresivos son variados y cada uno de ellos puede presentarse de forma más o menos intensa según el grado de la depresión en que se encuentra cada paciente. Resumiéndolos, de acuerdo con el magnífico libro *Ante la depresión* del doctor Juan Antonio Vallejo-Nágera, serían los siguientes:

Se siente profundamente triste y no encuentra motivo. Tiene ganas de llorar. Llora a solas. No puede contener las lágrimas frente a los demás ante ciertos comentarios. Nota un cansancio excesivo y una pereza invencible. La menor tarea que antes consideraba rutinaria, como vestirse, lavarse, escribir una carta, le supone ahora un esfuerzo abrumador. El despertar de cada día se convierte en un momento muy amargo. Las diversiones con que disfrutaba han dejado de apetecerle. Rehúye las amistades porque no le compensa el esfuerzo de «mantener la fachada». Tiene insomnio y pasa esas horas despierto sumido en negros pensamientos. Se vuelve pesimista y ve sólo el lado malo de las cosas. Se encuentra culpable de cosas que ya ha olvidado. Empeora el concepto de sí mismo. Le da la sensación de que en su familia y en su trabajo le juzgan mejor de lo que es y que van a descubrir su poca valía. Cree que se está refugiando en sentirse enfermo para eludir responsabilidades. Le gustaría quedarse en la cama por la mañana, con la luz apagada, sin hacer nada ni ver a nadie. No es capaz de concentrarse ni para leer el periódico.

Hasta aquí los síntomas que detalla el doctor Vallejo-Nágera y que se presentan en los cuadros depresivos de cualquier causa, no sólo en los de origen alcohólico.

En las personas bebedoras, como he dicho antes, son frecuentes las depresiones, aunque también hay que considerar que algunas personalidades depresivas buscan precisamente en el alcohol un remedio para su estado, sin encontrarlo, como es natural, sino agravando su proceso.

La depresión, siendo una enfermedad grave, lo es todavía más porque en ella se dan ocasionalmente tentaciones de suicidio, que el paciente lleva a cabo no durante la enfermedad aguda, en la que ni siquiera tiene fuerzas para ello, sino precisamente en el período de recuperación de la enfermedad. De hecho, esta tendencia al suicidio hace que la depresión esté considerada como una enfermedad muy peligrosa para la vida de algunos pacientes.

Entre los alcohólicos se describen tasas de suicidio veinte veces más altas que entre la población general. Además, las conductas sociales de los bebedores tienden a ser especialmente violentas y con frecuencia sangrientas. Las páginas de sucesos están llenas de estos casos.

Para tener una visión de conjunto que resuma todo lo dicho hasta ahora sobre los estragos que causa el alcoholismo crónico, voy a utilizar el muy didáctico esquema que recoge el citado *Manual de drogodependencias* coordinado por R. Cabrera Bonet y J. M. Torrecilla Jiménez. Se incluyen en esta larga lista tanto las patologías que tienen un origen directo como indirecto pero claramente relacionado con el consumo crónico de alcohol:

– *Cráneo:* fracturas por caída, hematomas subdurales y otros traumatismos.

– *Boca:* estomatitis nutricional, glositis angular («boceras»), mayor incidencia de cáncer.

– *Ojos:* ambliopía (ceguera) alcohólica y oftalmoplejia (parálisis de uno o varios de los músculos que mueven el globo ocular o los párpados). Todo ello se integra en el denominado *síndrome de Wernicke-Korsakoff.*

– *Tracto gastrointestinal.* En el *esófago:* esofagitis, espasmo esofágico difuso, laceraciones en la zona de unión de la mucosa esófago-gástrica que ocasionan importantes sangrados digestivos *(síndrome de Mallory-Weiss);* rotura de esófago (con una gravísima afectación de la cavidad torácica llamada mediastinitis), aumento de la incidencia de cáncer. En el *estómago* y el *duodeno:* gastritis erosiva aguda, gastritis hipertrófica crónica, úlcera péptica, hematemesis (vómitos hemorrágicos), aumento de la incidencia de cáncer. En el *resto del intestino:* malabsorción de los principios alimenticios, diarrea alcohólica.

– *Hígado:* degeneración grasa, hepatitis alcohólica, cirrosis.

– *Páncreas:* pancreatitis aguda (gravísima, muchas veces mortal), pancreatitis crónica recidivante, calcificaciones en el páncreas, insuficiencia pancreática endocrina (diabetes), formación de quistes.

– *Aparato respiratorio:* aumento de la susceptibilidad a las infecciones, fracturas costales, atelectasia (colapso de una parte del pulmón), neumotórax (rotura del pulmón con salida del aire a la pleura), depresión respiratoria. A todos estos problemas contribuye el coincidente abuso del tabaco que se da entre la mayoría de los bebedores crónicos.

- *Aparato cardiovascular:* cardiopatías por afectación del músculo del corazón, beriberi por el frecuente déficit vitamínico que se encuentra en los bebedores.
- *Sistema genitourinario:* déficit de la función hormonal de las glándulas sexuales, con impotencia en los varones e infertilidad en las mujeres.
- *Endocrinología y metabolismo:* disminución de la testosterona, hiper e hipoglucemia, aumento del ácido úrico, del colesterol y de los triglicéridos, déficit de proteínas, de hierro, de vitaminas del grupo B, así como de otras sustancias fundamentales para el normal funcionamiento de las constantes vitales.
- *Neurología:* síndromes de abstinencia en intoxicaciones agudas, afectación del nervio óptico (que transmite las imágenes desde la retina al cerebro); degeneración del cerebelo con alteraciones del equilibrio y de la marcha, atrofia cerebral, degeneración de los nervios de las extremidades y de los músculos, demencia, etc. Disminución de la sensibilidad fina y de la capacidad motora, disminución de la comprensión.
- *Alteraciones hematológicas:* anemia, disminución de las plaquetas, con el riesgo de que se produzcan hemorragias internas o externas.
- *En el feto:* síndrome alcohólico fetal (que se trata con más detalle en otro capítulo de este libro), incremento del porcentaje de abortos espontáneos, síndrome de abstinencia en el recién nacido.
- *Otros:* hipotermia, riesgo de infecciones diseminadas o septicemia, aumento del número de suicidios, incremento de la mortalidad y morbilidad en accidentes de tráfico con graves traumatismos vertebrales y cervicales que originarán paraplejias (parálisis de los dos miembros inferiores) o tetraplejias (parálisis de los cuatro miembros).

El trabajo y la familia del bebedor

El absentismo escolar o laboral es mayor en personas consumidoras de alcohol, así como las bajas por enfermedad. Esto no se debe sólo a que los trastornos físicos sean más frecuentes —incluso por enfermedades que en otras personas no pasarían de leves malestares—, sino a que los períodos de baja y las estancias hospitalarias, cuando resultan necesarias, son más prolongadas.

Por ejemplo, las infecciones son siempre más graves y de curación más lenta cuando se presentan en un organismo debilitado por los efectos del alcohol sobre los tejidos, que hemos visto al describir cómo actúa sobre las distintas partes del cuerpo. Un simple catarro o una gripe, que habitualmente cursan sin complicaciones, en estos sujetos pueden derivar hacia bronquitis o pulmonías, por tener las defensas orgánicas alteradas. Las mismas heridas cutáneas cicatrizan más lentamente y están expuestas a infectarse con facilidad.

En el mundo del trabajo, ese absentismo repetido conduce con frecuencia a la inestabilidad laboral y a la pérdida del empleo. En otras ocasiones se va produciendo una progresiva pérdida de categoría profesional, al tener que buscar un empleo de menor responsabilidad. En una sociedad como la nuestra, en la que los puestos de trabajo cualificados escasean, se comprende la enorme trascendencia que puede tener esta falta de capacitación. El mercado laboral y profesional es hoy un mundo de altísima competitividad, en el que sólo consiguen desenvolverse quienes tienen lúcidas y alerta **todas** sus capacidades y durante **todo** el tiempo.

Los accidentes laborales —ya lo mencioné anteriormante— son más frecuentes entre los bebedores. Según conclusiones de diversos estudios, los bebedores excesivos tienen de 2,5 a 3,5 veces más accidentes que el resto de los empleados. Casi un 30 % de los accidentes de trabajo —que en España superan el millón anual— van precedidos de ingesta de alcohol. Estos accidentes no sólo producen lesiones a los trabajadores que los sufren: pueden involucrar a otras personas, y para unos y otras con consecuencias mortales o de graves incapacidades físicas, a veces permanentes.

Como cifras que resumen lo dicho hasta ahora, valgan las muy recientes dadas a conocer por el Plan Nacional sobre Drogas:

- En la actualidad, unos dos millones de trabajadores (14 %) consumen diariamente alcohol de forma abusiva (hace diez años el porcentaje de trabajadores que abusaba del alcohol era del 24 %).
- La precariedad laboral, la inseguridad del trabajo, el realizado a turnos y el nocturno son los factores que más influyen en el consumo de alcohol, fármacos o sustancias estupefacientes.
- Los sectores donde más alcohol se ingiere son los de hostelería, construcción, transporte y comunicaciones.
- Según estimaciones de los sindicatos UGT y CC OO, los costes del consumo abusivo de alcohol rondan los 400.000 millones de pesetas anuales, entre absentismo laboral, baja productividad y gastos sanitarios como consecuencia de la siniestralidad en el trabajo.

Los problemas familiares cuando existe un miembro alcohólico crean una grave distorsión en el ambiente. Se dice que el alcoholismo conduce a la familia a un proceso desorganizador paralelo al deterioro que sufre el paciente a través de su enfermedad.

Si es uno de los cónyuges el bebedor, surgen serias desavenencias en el matrimonio. El otro cónyuge puede oponerse frontalmente a las embriagueces y demás consecuencias derivadas del consumo de alcohol; o, en ocasiones, adoptar un comportamiento resignado y de aislamiento.

Cuando es la mujer la bebedora, el problema se suele plantear de forma aún más notable, porque todavía hoy la imagen de la mujer alcohólica es peor que la del hombre en similares circunstancias.

El ambiente familiar, en cualquier caso, es tenso, con la comunicación verbal —tan importante para un normal desarrollo de la familia— llena de críticas, de desaprobaciones y de hostilidad. La afectividad desaparece o se canaliza mal, y en muchísimas ocasiones brota la violencia no sólo verbal, sino también física, de incalculables consecuencias.

Los hijos son los miembros de la unidad familiar más perjudicados por la situación. Muchas veces se les piden mayores responsabilidades y deben desempeñar papeles de adultos-sustitutos. No pueden desarrollar hábitos comunicativos, puesto que la comunicación con los miembros adultos y entre éstos no existe o está gravemente deteriorada. La inmadurez afectiva es común en estos niños, que tienden a presentar signos físicos diversos y problemas de adaptación en la escuela, con bajo rendimiento en el aprendizaje.

No es raro que los hijos de padres alcohólicos reciban malos tratos, con omisión de los cuidados que se les deben o con auténtica violencia física, y son muy frecuentes los abusos sexuales. En el caso de la madre alcohólica, el maltrato más frecuente es el abandono de los hijos pequeños, que permanecen muchas horas solos y sometidos a innumerables riesgos en el hogar o en la calle.

Cuando estos niños llegan a adultos, muestran más problemas de ajuste social y de relaciones interpersonales y tienen mayores índices de alcoholismo y de utilización de otras drogas que la media; con relativa frecuencia, forman parte de grupos sociales marginales y muchas veces de comportamiento delictivo.

En el caso de la juventud, junto a los problemas laborales derivados del consumo de bebidas alcohólicas es necesario colocar los que afectan a la actividad escolar, de aprendizaje, a la que se dedican muchos adolescentes y jóvenes en nuestra sociedad. A estas edades, la asistencia al centro escolar y el aprovechamiento de las enseñanzas que en él se imparten pueden parangonarse sin duda con una actividad laboral en cualquier puesto de trabajo. Por otra parte, una significativa proporción de jóvenes se incorporan pronto al trabajo, bien de forma completa o como una dedicación parcial de su tiempo, que comparten con el estudio.

Las repercusiones a nivel laboral o escolar del consumo de alcohol pueden esquematizarse de la siguiente manera:

- *Deterioro de las relaciones interpersonales con los compañeros,* con una tendencia a disputar que en ocasiones alcanza altos grados de agresividad. Todo ello lleva a un progresivo aislamiento del individuo alcohólico entre esos compañeros que poco a poco van rechazando todo contacto con él; lo cual, a su vez, fomenta su recelo y también su agresividad ante posturas o actitudes que considera insultantes o menospreciadoras.

- *Desajuste laboral o escolar.* Se incumplen los horarios de entrada y salida, en particular los lunes, porque la ingestión de alcohol es mayor los fines de semana. Se realiza el trabajo o el estudio en malas condiciones físicas. Esto, en el marco laboral, conlleva un aumento en el número de accidentes, sobre todo cuando se deben manejar maquinarias o vehículos. En el escolar, el rendimiento desciende mucho y comienzan los suspensos reiterados y, lo que es peor, se deja de aprender lo necesario y el alumno se va viendo postergado con respecto a sus compañeros de la misma clase y la misma edad.

Se ha comprobado que muchos de los llamados «fracasos escolares», es decir, de los suspensos repetidos que traen consigo un parón o retroceso en los estudios durante la adolescencia y primera juventud, se deben precisamente al consumo inmoderado de bebidas alcohólicas durante los fines de semana. Esos días se desaprovechan para el estudio por los efectos agudos de la intoxicación alcohólica, y los primeros de la semana, por sus efectos retardados.

– *Tensiones familiares.* La situación planteada en la familia por un adolescente o un joven bebedor no es mejor que la que hemos descrito para el adulto. La convivencia con los padres y con los hermanos se deteriora porque el muchacho se hace más retraído, al no querer o no atreverse a compartir sus preocupaciones con los demás. Los problemas escolares o laborales que poco a poco va sufriendo condicionan asimismo que la relación se haga más tensa, porque no suele admitir las advertencias o los consejos que se le dan en el seno de la familia.

– Como el consumo de bebidas alcohólicas y las diversas actividades que se desarrollan alrededor de ese consumo no son gratuitos, *el joven necesita y exige cada vez más dinero de sus padres,* al no tener él ninguna fuente de financiación o ser ésta insuficiente. Si los padres no conceden ese dinero por no considerarlo justo y necesario, o por no poseerlo ellos tampoco, se puede llegar hasta el hurto, lo que condiciona todavía un mayor agravamiento de la situación.

– *Las amistades* que el muchacho o la muchacha adquieren durante sus horas de ocio dedicadas al consumo de alcohol no son muchas veces las más recomendables desde el punto de vista moral y no se ajustan en absoluto a los patrones que rigen en el ambiente familiar, con lo que se produce un mayor distanciamiento entre el chico y sus padres y hermanos, al adquirir criterios muy diferentes frente a casi cualquier planteamiento.

Si el núcleo familiar está considerado por todos los historiadores, sociólogos y hasta por los economistas como el fundamento esencial de cualquier sociedad humana, todo lo que contribuya de alguna manera a dañarlo es a la postre un perjuicio para la humanidad entera, además de serlo anteriormente y con mayor agudeza para el individuo.

Datos de interés

☞ La *embriaguez* es la intoxicación alcohólica aguda. El *alcoholismo* es la dependencia patológica del alcohol.

☞ Una misma cantidad de alcohol puede dar lugar a niveles en sangre muy diferentes en la misma persona, según sea tomada durante una comida o en ayunas, de forma rápida o espaciadamente.

☞ La toma simultánea con el alcohol de algunos tipos de medicamentos potencia el efecto de ambos y puede hacer más fácil la intoxicación o que ésta sea más grave.

☞ El alcohol en pequeña cantidad excita las células nerviosas del cerebro; en mayor cantidad, las deprime.

☞ La embriaguez tiene distintos grados, desde una fase de euforia hasta el coma y la muerte.

☞ La persona embriagada, borracha, suele ser abandonada por quienes le acompañaron durante el consumo de las bebidas.

☞ En el alcoholismo existe una dependencia física del alcohol que ocasiona el *síndrome de abstinencia* al prescindir de su consumo.

☞ El síndrome de abstinencia alcohólica puede variar en su intensidad desde la simple *resaca* hasta el *delirium tremens*.

☞ El alcohólico sufre importantes cambios en su comportamiento, y son muy frecuentes las manifestaciones de agresividad contra sí mismo o contra los demás.

☞ La depresión es una consecuencia habitual del alcoholismo. Uno de los mayores peligros de la depresión es la tendencia al suicidio de muchos de quienes la padecen.

☞ Los problemas laborales graves acompañan frecuentemente a los bebedores.

☞ Del mismo modo, quienes beben alcohol inmoderadamente presentan frecuentísimos problemas escolares y de aprendizaje.

☞ La vida familiar sufre graves deterioros cuando un miembro de la familia es alcohólico.

☞ Los hurtos en casa y en la calle y, en general, las conductas delictivas son mucho más frecuentes entre los jóvenes bebedores.

☞ Las amistades adquiridas durante las horas de consumo de alcohol carecen habitualmente de consistencia y en muchas ocasiones pertenecen a grupos sociales de marginación que harán derivar al joven por caminos indeseables.

Capítulo 4

Conductas del individuo ante el alcohol

Por qué se bebe

Si tuviéramos que simplificar los motivos que llevan al hombre a beber, podríamos hacerlo de la siguiente manera, que contempla el sucesivo paso de unas necesidades puramente biológicas, similares a las de cualquier ser vivo, a otras selectivamente humanas que serán, por cierto, las que condicionen los mayores problemas derivados de la bebida:

1. *Motivos naturales:* calmar la sed y restituir el equilibrio hídrico del organismo.
2. *Motivos placenteros:* se bebe por el sabor agradable de la bebida o por el grado de real o falso bienestar que produce.
3. *Motivos socioculturales:* ajenos tanto a la necesidad como al mero placer de la bebida.

Motivos naturales

Desempeñan un papel muy secundario en nuestro mundo occidental. Ya se habló en otro capítulo de cómo las necesidades de líquido, fundamentalmente de agua, imprescindibles para la vida, están cubiertas de sobra y nadie en las naciones de nuestro ámbito pasa sed. Por tanto, este primer apartado entre las motivaciones que llevan a adultos y jóvenes a beber podemos olvidarlo. A ello se debe asimismo el que, como también se dijo, el concepto de beber no se asocie en nuestro lenguaje con el hecho de ingerir agua, sino otro tipo de líquidos y de modo casi exclusivo líquidos con mayor o menor contenido alcohólico.

Motivos placenteros

Son muy importantes y han sido prácticamente siempre los determinantes para la bebida del hombre.

El alcohol, que es un alimento más, se asocia tradicionalmente con el acto de comer. Una buena comida es mejor en nuestra cultura si se acompaña de un buen vino o de varios, según los distintos platos que se sirvan. Ya se habló también de su utilización para abrir el apetito, esto es, como «aperitivo»; y además existe la tópica asociación de «café, copa y puro» que parece designar el obligado final de una gran comida.

En general, se puede asegurar que este uso de las bebidas alcohólicas suele ser moderado, salvo, claro está, las excepciones que siempre hay en todas las conductas humanas. El hecho mismo de que el alcohol se ingiera junto con alimentos sólidos limita, como sabemos, sus aspectos indeseables. No obstante, el nivel final de alcoholemia puede ser elevado, por lo que se desaconseja que después de una de estas comidas se realicen determinados actos, sobre todo la conducción de vehículos o el manejo de cualquier otra maquinaria peligrosa.

En el placer obtenido de la bebida participan todos los sentidos del cuerpo y aun otras sensaciones que luego comentaremos.

Las papilas gustativas situadas en la lengua son capaces de discriminar cinco cualidades de sabor: dulce, amargo, agrio, salado y alcalino. Estos sabores se mezclan y combinan con diferentes grados y matices ante cualquier alimento introducido en la boca.

Los catadores profesionales de vino —un oficio muy cualificado y extraordinariamente difícil al que recurren todas las grandes empresas vitivinícolas para la selección y clasificación de sus productos— pueden distinguir, con sólo una pequeñísima cantidad, varias decenas de sabores. En las etiquetas de algunos vinos y en los libros o folletos en que se especifican las cualidades de los mismos, se hace constar, por ejemplo, que tal vino tiene un suave sabor a frambuesas o a ciruelas o a ca-

nela y a otras especies. Por supuesto, esas características no serán apreciadas por la mayoría de los bebedores habituales de los vinos, que tan sólo los encontrarán
de su mayor o menor agrado, sin percatarse de tan finos detalles.

También influyen otras circunstancias en la aprecia-
ción de un sabor, como la temperatura de la bebida, el con-
traste con otros gustos anteriores, la habituación del paladar de cada persona, que es un proceso lento y selectivo
reñido con el uso inmoderado de cualquier bebida, el
particular desarrollo de las papilas gustativas, que no es
igual en todos los individuos, etc.

El olor es un sentido íntimamente vinculado al gusto, de tal modo que para apreciar correctamente el sabor de cualquier alimento o bebida es necesario percibir
también de forma adecuada el aroma de los mismos.

Así, por ejemplo, cuando se padece un fuerte catarro,
con inflamación de la mucosa nasal que dificulta o impide
la percepción olorosa, los alimentos nos resultan insípi-
dos, la mejor comida «no nos sabe a nada». Lo mismo
sucede si tomamos un plato en un ambiente lleno de hu-
mos o de olores fuertes: éstos alterarán la capacidad de
degustación de los alimentos que estemos probando.

Por eso, los buenos conocedores de los placeres gas-
tronómicos proscriben la presencia de flores en la mesa
y hasta en la misma habitación donde se efectúa una comida; el aroma de las flores, tan apetecible y agradable
en cualquier otra situación, resulta pernicioso a la hora
del yantar por interferir con los propios de los manjares,
que son los únicos que interesan en ese momento; estos
gourmets aconsejan, sin embargo, la presencia de recipientes con frutas sobre la mesa.

La vista influye notablemente en muchas acciones
humanas, y la de beber no es una excepción. Se dice, con
razón, que los alimentos entran antes por los ojos que

por la boca, y esto es mucho más cierto cuando, como sucede en nuestro mundo, no se busca la comida como una mera necesidad orgánica, porque cuando existe esa necesidad extrema no se paran mientes en el aspecto de los alimentos, sino sólo en tener algo que llevarse a la boca y al estómago. De muchas personas, y en especial de los niños, se dice también que se les llena antes el estómago que la vista, porque desean y exigen más cantidad de los alimentos que les atraen de la que su organismo es luego capaz de admitir.

En el caso de la bebida la participación de la vista se inicia ya con el envase que la contiene, algo que saben muy bien los fabricantes, que se esfuerzan por hacer atractiva la presentación de sus productos desde la forma de la botella hasta los dibujos y los colores de la etiqueta. Relacionados con este aspecto hay dos ejemplos extraordinariamente significativos de hasta qué punto el envase es importante para que el sujeto lo asocie instantáneamente con su contenido y sienta la tentación de consumirlo. Uno es el del anís. Las botellas de anís de las marcas más conocidas y utilizadas son tradicionalmente de un cristal labrado formando resaltes cuadrados en su superficie —incluso esta característica es aprovechada en algunas tradiciones folclóricas para usar esas botellas como improvisados instrumentos musicales—; el anís se identifica así a distancia en las estanterías de cualquier establecimiento de bebidas.

El otro ejemplo, de extensión universal, es el de la coca-cola. La botella de esta bebida, una de las más consumidas en el mundo, quiso representar en su origen la forma del fruto tropical del que se extraía alguno de sus principales componentes. La identificación entre continente y contenido ha sido tan extraordinaria en este caso, que la compañía fabricante, que tiene registrado legalmente el diseño en todo el mundo, lo ha mantenido sin variaciones durante un siglo; cualquier intento de modificarlo ha fracasado porque suponía un llamativo descenso de las ventas.

También el color de la bebida la hace más o menos atractiva, y quienes tienen por oficio estimular su consumo lo saben y buscan elaborar «combinados» en los que tanto como el contenido alcohólico destaquen los colores resultantes. Algunos de éstos incluso determinan el nombre con el que esa bebida se conoce y con el que se pide sin especificar ya sus componentes: bloody Mary, leche de pantera, cerebro de mono, etc.; aparte de los clásicos apelativos de *tinto, clarete* o *blanco* con el que muchas veces se solicita un vaso de vino sin entrar en matizaciones sobre su origen o sus otras cualidades.

Pero es que, además, la vista toma en cuenta otros muchos factores: el ambiente en que se desarrolla el acto de beber; el aspecto de la mesa o de la barra en que se consume —un lugar sucio, con restos de consumiciones anteriores, retrae de tomar allí nada—; hasta el vestuario de los acompañantes, de las otras personas que comparten el local e incluso el de los camareros. Se trata seguramente de apreciaciones que se realizan de manera inconsciente e instantánea, pero que tienen una indudable influencia sobre el individuo, que de acuerdo con ellas establecerá sus hábitos de bebida.

El tacto participa también en la bebida. Se trata del tacto percibido por las mucosas de la boca y en especial por la lengua: el líquido se nota áspero o suave, espeso, viscoso o con otras muchas características. Del mismo modo, el tacto de los labios distinguirá entre los diversos recipientes que se utilizan para beber. Un asturiano, por ejemplo, no aceptará jamás que se le sirva la sidra en un vaso cualquiera, sino en uno de boca ancha y cristal finísimo en el cual esa bebida adquiere su más auténtica virtud. Un *gourmet* exigirá tomar el vino en copa, y no en vaso, para poder sujetarla sin que su mano altere lo más mínimo las cualidades que espera disfrutar en cada trago. Y así podríamos seguir aduciendo ejemplos que quizá sorprendan a muchos bebedores habituales, que lo hacen con escasa o nula discriminación, pero que resultan esenciales para quienes se acercan a la bebida de un modo que podríamos calificar de inteligente.

La temperatura, una sensación que se capta a través del sentido del tacto, influye en los hábitos de bebida al afectar a otras cualidades del líquido que se ingiere. Hay bebidas que adquieren sus mejores cualidades a temperatura ligeramente templada, como los buenos coñacs; otras, con la del ambiente en que se sirven, como los vinos tintos; y otras, en fin, que habitualmente se prefieren frías incluso en épocas no veraniegas. No obstante, sobre el gusto por la temperatura de una bebida actúan a veces condicionamientos culturales; es el caso, por ejemplo, de la cerveza, que si en España la tomamos fría, los ingleses la prefieren «del tiempo» y en algunas zonas de Alemania hasta la calientan en unas jarras especiales con tapadera para que no pierda el calor.

El sentido del oído podría parecer totalmente extraño al hecho de beber, pero no es así. El ruido que se produce al descorchar una botella, el del líquido saliendo de la misma, el de las copas al entrechocarse en un brindis: esos sonidos, con la costumbre, se convierten en estímulos inconscientes para el acto social de la bebida. En los ambientes juveniles, la música machacona o, por el contrario, la rítmica y melodiosa constituye otro estímulo para seguir consumiendo copas; los dueños de los establecimientos donde se reúnen los jóvenes conocen perfectamente esta circunstancia.

Pero, aparte de los cinco sentidos corporales que acabamos de describir como participantes más o menos conscientes en el acto del beber, existen otros sentidos internos que se ponen en juego durante la bebida. Son muchos y variados, y van desde la sensación visceral de calor, ardor o frío, según la bebida ingerida, hasta la euforia que acompaña a las bebidas espumosas o a la sensación interna de bienestar que sigue a los primeros tragos y de malestar cuando se continúa con ellos.

Motivos socioculturales

La bebida se ha ido convirtiendo en una actividad social sin la que parece imposible la relación interpersonal. Se bebe en cualquier reunión, venga o no a cuento. Es más, parece obligado realizar todas las relaciones humanas, profesionales, comerciales o meramente amistosas, alrededor de unas copas de alcohol. Se piensa que cualquier conversación resultará más fluida si se hace frente a unas botellas y unos vasos. Los bares y otros establecimientos de este tipo son el lugar preferido de encuentro para muchas personas, que parecen liberarse de ataduras de cualquier tipo en ese ámbito.

El cine y, sobre todo, la televisión nos han acostumbrado a ver a hombres y mujeres continuamente con una copa en la mano en cuanto se detienen en cualquier parte —domicilio, oficina, lugar de entretenimiento, etc.—. Hace unos años, esto era especialmente llamativo en las películas que procedían de Estados Unidos, país en el que, efectivamente, el alcoholismo «social» ha constituido por mucho tiempo una verdadera plaga. Pero ahora no hace falta asistir a una de estas películas norteamericanas para ver el mismo espectáculo. Sería interesante, a la par que fuente de profunda reflexión para las autoridades correspondientes, hacer un recuento de las veces que un espectador medio de televisión contempla diariamente una escena de consumo de alcohol. Se habla mucho, y con razón, del constante bombardeo de imágenes violentas o de contenido erótico cuando no pornográfico que recibe ese mismo espectador, en tantas ocasiones demasiado joven o niño aún, pero se comenta mucho menos de lo debido este otro aspecto de la programación televisiva o cinematográfica.

El espectador acaba por asociar con la más estricta normalidad del comportamiento humano en cualquier situación el hecho de acompañarlo con el consumo de bebidas alcohólicas. La fuerza de este estímulo es extraordinaria, como lo sería el que todos esos personajes de ficción aparecieran de continuo consumiendo drogas de otro tipo.

Algo parecido, aunque aquí de forma más directa e intencionada, es el papel que desempeña la publicidad. Ésta nos presenta continuamente a personas consumiendo alcohol y felices, rodeadas de beneficios materiales, contentísimas de su estilo de vida. Claro que éste es precisamente uno de los fundamentos de la publicidad: el reforzar en el espectador la idea de que el consumo de un determinado producto es igual a la felicidad. Sucede lo mismo con los anuncios de automóviles o de detergentes: todo el mundo es felicísimo por fregar los platos con un determinado producto o por correr velozmente con un coche por el desierto o un paisaje lunar.

La legislación vigente en España prohíbe la publicidad de tabacos y de bebidas con más de 20 grados de contenido alcohólico en la televisión. Pero la publicidad en la prensa no está sometida a estas restricciones, y su presión sobre los potenciales consumidores es enorme, sobre todo en algunas épocas del año, como las cercanas a las fiestas navideñas, durante las cuales existe la falsa noción de que deben consumirse grandes cantidades de estas bebidas, en especial el champán o el cava, cuyas ventas se disparan en esas fechas.

Así, por ejemplo, en el suplemento dominical de un diario de gran tirada nacional se pudieron registrar estas

cifras referidas a las páginas de publicidad dedicadas a bebidas alcohólicas: en la primera semana de noviembre, el
24,6 %; en la segunda semana de diciembre, el 31,4 %;
en la tercera de enero, el 7,1 %; y en la cuarta de febrero, el 11,1 %.

Para hacer más atractivos los productos alcohólicos,
la mayoría de los anuncios recurren a las siguientes necesidades del individuo: de valoración, de autorrealización,
de afecto, de seguridad, y a la fisiológica, absolutamente falsa, de beber alcohol.

En la televisión, los publicitarios buscan métodos con
los que soslayar las prohibiciones legales, y así compro-
bamos cómo se anuncian productos que llevan la marca
de alguna conocida bebida alcohólica aunque ésta no se
mencione; otras veces los *spots* parecen no anunciar nada:
sólo muestran a personas jóvenes de ambos sexos en actitud de divertirse y gozar de la vida, para acabar con un
nombre comercial que de inmediato se asocia con alguna bebida.

En otros ámbitos tampoco escasea la publicidad alcohólica. Por ejemplo, en el deportivo, que en apariencia
debería estar reñido con el alcohol: vallas publicitarias
en los estadios, recogidas largamente por las cámaras te-
levisivas, ya que ésa es su principal razón de estar allí,
objetos conmemorativos o recuerdos de los equipos, y
hasta la ropa de los deportistas, que lleva impreso y bien
a la vista el nombre de la casa comercial de bebidas alcohólicas que los patrocina. Como muestra valga la imagen, un tanto contradictoria, de unos atletas que participan en pruebas de alta competición portando sobre pecho
y espalda la marca de una conocida ginebra. Se dirá que
al menos estas empresas fomentan el deporte con su patrocinio y que a nadie incitan directamente a beber, pues
sólo enseñan su marca registrada y no citan nunca el
nombre de la bebida, pero ya vimos antes la gran in-

fluencia que una imagen, luego repetida en las etiquetas de las botellas, puede tener sobre el consumo.

En un estudio realizado por la Comunidad de Madrid, se encargó a varios grupos de alumnos de enseñanza media la búsqueda de anuncios de bebidas alcohólicas y la elaboración de un comentario sobre el conjunto de los mismos. Recojo aquí parte de uno de estos informes por lo que tiene de exacto y porque señala con mucha agudeza una de las principales características de esta publicidad: su sexismo.

En todos los anuncios que hemos analizado de bebidas alcohólicas, a excepción de uno, aparecían mujeres, unas veces solas y otras no. La mujer es más utilizada que el hombre en los anuncios dada su ambivalencia, es decir, gusta tanto a hombres como a mujeres. El hombre se fijará siempre en su belleza y juventud, por eso la botella estará siempre colocada muy cerca de ella. Si a esto se le añade una apariencia de inteligente, tenemos el prototipo de mujer de finales del siglo XX.

Estas características valen también para las mujeres como receptoras del anuncio. Respecto a la belleza, ésta debe ser inocente aunque sugestiva; si no, produciría sentimiento de rechazo más que de admiración.

Otro punto importante es el de mujer independiente, igual de capacitada que el hombre. Muchos anuncios utilizan esta obsesión de ser igual al hombre a través de la bebida para hacernos creer que así se igualará más. La mujer siempre ha estado arrinconada por la sociedad en temas como el alcohol, por lo que ahora intentan enseñarnos lo interesante que queda una mujer con un vaso de alcohol y la imagen que da de independiente, por lo que todas sus relaciones sociales serán magníficas.

Por último queremos decir que la publicidad es un arma con la que debemos contar, ya que hay muchos profesionales dedicados a estudiar cada detalle del anuncio. Se cree hoy día que la publicidad es algo que no nos influye, pero ¿quién es el que no se acuerda de esa música del anuncio de Martini?, ¿o quién no recuerda a la chica del vodka? Es un problema que sin darnos cuenta se nos va de las manos. Hemos querido hacer mención especial a la publicidad dedicada a la mujer, ya que en el fondo no intenta igualarnos en capacidad sino en vicios, de los que se derivan problemas e incapacidad.

Hasta aquí el informe realizado por estos estudiantes que me parece de una extraordinaria lucidez y difícilmente superable.

La publicidad ejerce una feroz competencia a la labor educativa que puedan llevar a cabo otras instancias de la sociedad para fomentar la abstinencia alcohólica o el consumo moderado de bebidas. El impacto de un solo anuncio obliga a un esfuerzo suplementario en esa labor, pero este libro quiere contribuir en lo posible a ello.

Consumo de alcohol por las mujeres

La mujer no ha estado nunca alejada del consumo alcohólico, si bien de un modo menos compulsivo que el hombre hasta hace relativamente poco tiempo, cuando en esto, como en tantas otras cosas, se tiende a igualar los patrones de comportamiento femeninos con los masculinos en todos los ámbitos de nuestra sociedad. Esto, junto a las innumerables ventajas, trae consigo también perjuicios que antes parecían circunscritos a la desenvoltura social del varón.

Es muy curioso comprobar cómo el papel reservado a la mujer estaba teñido de consideraciones que hacían referencia a ciertas características de la condición femenina que seguramente hoy rechazarían la mayoría de las mujeres como restos atávicos de machismo, una de las bestias negras de la confrontación actual entre los sexos.

Veamos, por ejemplo, lo que a este respecto se dice en un celebrado libro del siglo XIX, la *Historia de la gastronomía*, escrito por Harry Schraemli, libro que tuvo una amplia aceptación en su época y que sirvió de manual de comportamiento para nuestros tatarabuelos:

Las mujeres rubias, altas, de veinte a treinta años de edad, deben beber un vino tinto, ligero y, si les gusta el blanco, que sea un tanto chispeante, ya que el vino blanco, denso y tranquilo, no las favorece. Las mujeres bajas y rubias pueden atreverse a beber un borgoña con cuerpo, pero en cambio tienen que evitar los espumosos. Las mujeres morenas, de pelo negro, con ribetes demoníacos, no suelen ser, en general, aficionadas al vino; acostumbran a beber de Pascuas a Ramos muy variablemente, y cambian siempre de bebidas. Podrían ahorrarse muchas preocupaciones y pesares si fuesen más constantes y regularan el ritmo de su ardiente corazón habituándose al néctar de la Gironda. Cuando tales mujeres han pasado de los treinta años se les puede dar champaña sin temor alguno.

Las mujeres algo esculturales son las que beben el vino con mayor agrado; gracias a la armonía de su cuerpo tienen una tendencia bien marcada hacia los vinos armoniosamente matizados, en su plena fuerza. (...) Las mujeres que tienden a la corpulencia, aquella plenitud corpórea que tanto entusiasmaba a los césares romanos, harán bien ateniéndose a bebidas ligeras, con una leve acidez picante y beber solamente vinos espumosos bastante secos. A las mujeres de tipo helénico, esas mujeres maravillosas que nuestros ojos evocan en los días cumbre de la Antigüedad clásica, les aconsejamos como bebida predilecta las divinas bodegas de Burdeos o el vino Nebbiolo bien madurado en las hondas bodegas del Piamonte. (...) La mujer dotada por el buen Dios de una naricita menuda no deberá beber los vinos citados; la chatita beberá esos vinos que nuestros críticos dicen que no son vinos, es decir, el lejano Neufchâtel o el Mosela más transparente.

La mujer con un bello aspecto de adolescente beberá vinos blancos, densos, y todas las mujeres a quienes aquejan penas de amor —cosa que suele darse incluso en la edad más avanzada, según dicen— elegirán dos clases de vinos: si desean deleitarse en su pesadumbre amorosa, beberán el melancólico vino de Tokay; no obstante, si quieren quitarse de encima una pena, que recurran al champán semiseco.

Al margen de estas consideraciones anecdóticas, extemporáneas y hasta hirientes, a la hora de tratar el serio problema del consumo excesivo de bebidas alcohólicas por las mujeres seguiremos en este apartado los estudios que G. Rubio Valladolid y A. Blázquez Blanco incluyen en el fundamental libro *Guía práctica de intervención en el alcoholismo*[5]. Así dicen los autores:

Encuestas realizadas en la población general muestran que entre un 50 y un 80 % de las mujeres beben alcohol en mayor o menor grado. La última *Encuesta domiciliaria* en población española (1997) indicaba que el 5,9 % de las mujeres referían un consumo de etanol por encima de los niveles de riesgo. La pauta de consumo en la mujer se caracterizaba porque conforme aumentaba la edad disminuía el consumo. Además, en dicho trabajo se evidenció por primera vez en nuestro país un fenómeno emergente, consistente en que las mujeres jóvenes tenían mayores consumos de alcohol en el último año que los varones (73,6 % frente al 72,5 %) de su mismo grupo de edad (quince-dieciocho años).

Estos datos confirman que en los últimos años se ha producido un notable incremento del consumo de alcohol en mujeres, con una progresiva tendencia a igualar la

[5]   Agencia Antidroga, Consejería de Sanidad, Comunidad de Madrid, Ilustre Colegio Oficial de Médicos de Madrid, 2000, pág. 327.

relación hombre-mujer: hace dos décadas era de 10 a 1, estimándose en la actualidad de 3 a 1 (según regiones y países). La mortalidad entre mujeres que presentan consumo elevado de alcohol es mayor que en la población general (entre 4,5 y 5,6 veces mayor). Se ha estimado una reducción de la expectativa de vida en mujeres consumidoras habituales de doce-quince años. La causa de la mayor morbi-mortalidad en este grupo de población es multifactorial: enfermedades físicas (en mujeres se desarrollan más precoz y frecuentemente), suicidios, violencia y accidentes.

Como señalan dichos autores, el alcoholismo femenino presenta ciertas diferencias significativas con el de los varones: inicio más tardío, tendencia a beber a solas, sentimientos de culpabilidad, mayor incidencia de tentativas suicidas, mayor relación con acontecimientos psicológicos traumáticos, acuden en busca de tratamiento más precozmente, comienzo de los problemas físicos a una edad más temprana y con consumos menores.

Múltiples factores se han asociado al inicio y desarrollo de los problemas de alcohol en las mujeres (genéticos, socioculturales y psicológicos); los factores genéticos condicionarían una mayor sensibilidad biometabólica; entre los factores socioculturales se encontrarían la irrupción de la mujer en el ámbito laboral, aproximación a patrones de conducta masculinos, liberación de tabúes y el aumento de la prevalencia en amas de casa; los factores psicológicos más frecuentes son los conflictos en el rol sexual, sentimientos de baja autoestima y el estrés de la vida adulta[6].

Los factores biológicos reseñados en el interesantísimo trabajo que comentamos nos indican que

---

[6] *Op. cit.*, pág. 327.

los familiares de alcohólicos son menos sensibles a los efectos subjetivos, fisiológicos y conductuales de dosis moderadas de alcohol, de modo que la exposición al consumo de dosis altas acelera la tolerancia y la dependencia del mismo. En el caso de la mujer, los estudios sugieren que hay un mayor porcentaje de alcoholismo familiar que en los varones.

Otros factores biológicos están relacionados con la capacidad metabólica de la mujer, que contribuiría a una mayor vulnerabilidad para los efectos del alcohol, entre ellos el de dependencia. Esta sensibilidad se podría explicar por: mayor absorción, menor cantidad de agua corporal, mayor porcentaje de tejido graso (donde el alcohol se fija y tarda más en eliminarse), y menor actividad de la enzima gástrica *(alcohol deshidrogenasa)* que comienza a metabolizar el alcohol apenas ingerido[7].

En lo que se refiere a los factores psicosociales, Rubio y Blázquez señalan que

se ha demostrado que determinadas experiencias juveniles podrían aumentar el riesgo para alcoholismo en la edad adulta de las mujeres. El abuso sexual durante la infancia y el consumo de drogas durante la adolescencia son importantes factores de riesgo. El abuso de alcohol durante el período universitario también se ha señalado como un factor predictor de alcoholismo posterior. La edad más joven de la primera intoxicación y el haber empezado a fumar tabaco tempranamente se asociaron también con problemas de alcoholismo en la edad adulta[8].

La existencia de factores psiquiátricos, como la depresión, de tan alta incidencia en el sexo femenino en

---

[7] *Op. cit.*, pág. 328.
[8] *Ibídem.*

cualquiera de sus grados, las tentativas de suicidio, el abuso de otras sustancias, los trastornos de alimentación —anorexia y bulimia—, mucho más frecuentes en las mujeres, sobre todo jóvenes, que en los hombres, los problemas de disfunción sexual y reproductivos —esterilidad, abortos, partos prematuros, insatisfacción sexual—, y la convivencia con una pareja consumidora de drogas, son los principales integrantes de una personalidad psicopática que propicia y favorece el consumo alcohólico en muchas mujeres.

Una relación resumida de las situaciones más frecuentes que en apariencia llevan a gran número de mujeres al consumo inmoderado de bebidas alcohólicas podría ser ésta:

- El sentimiento de soledad en el hogar, y el consecuente descenso de la autoestima, en mujeres cuyos maridos apenas pisan ese hogar por su trabajo u otros motivos; el denominado *síndrome del nido vacío*, que se presenta cuando los hijos abandonan el hogar para establecer su propia familia o para vivir de forma independiente, con el consiguiente sentimiento por parte de la mujer madre de que «ya no tiene nada que hacer en la vida».

- La convivencia con una pareja bebedora lleva muchas veces a la mujer al consumo de alcohol, con la idea, siempre equivocada, de que de esta forma compartirá mejor los problemas del otro y podrá controlarlos. Esta situación quedó magistralmente expuesta en la amarga película *Días de vino y rosas*, donde asistimos al progresivo deterioro de la esposa sin que por ello se resolvieran los conflictos con su cónyuge.

- Cada día más frecuentemente en nuestra sociedad, vemos cómo con la incorporación de la mujer al mundo laboral ésta adquiere patrones de conducta desgraciadamente vinculados al mismo, como las relaciones que giran alrededor del consumo de bebidas alcohólicas, según señalamos en otro lugar de este libro.

La detección del alcoholismo femenino por parte de los médicos cuenta con varios inconvenientes. Por un lado, los trastornos que presentan, muy frecuentemente de índole ginecológica, no suelen asociarse en un primer momento, ni a veces en los sucesivos, con un abuso del alcohol. Por otro, el consumo de alcohol se ha asociado tradicionalmente a los varones, por lo que se hace necesario un pronto cambio de mentalidad en muchos profesionales de la medicina y de la asistencia social, de modo que, entre las opciones diagnósticas que se planteen ante una mujer con muy diversos síntomas mal definidos, figure la posibilidad de enfrentarse a un alcoholismo no confesado.

Por último, y en directa relación con lo anterior, hay que tener en cuenta que, por la estigmatización cultural asociada al alcoholismo femenino, es casi habitual el ocultamiento y la negación del problema no sólo por parte de la mujer, sino también de sus familiares.

Pasemos una rápida revista a las consecuencias clínicas del alcoholismo en la mujer, una vez más siguiendo nuestro recorrido por los estudios de la *Guía práctica de intervención en el alcoholismo,* de G. Rubio y A. Blázquez. Dejaré para el final, por su especial trascendencia, las consecuencias que se derivan no ya para la mujer, sino para el hijo fruto del embarazo en condiciones de alcoholismo.

Las mujeres dependientes del alcohol tienen tasas de mortalidad entre dos y siete veces más altas que las no bebedoras. El consumo abusivo reduce las expectativas de vida en un promedio de quince años; a ello contribuyen fundamentalmente los altos índices de problemas hepáticos, de accidentes de tráfico y domésticos y los suicidios.

La mayor vulnerabilidad femenina a las consecuencias físicas —como también a muchas de las psíquicas— del alcohol se debe a una serie múltiple de factores. Ya se habló antes de la menor actividad de la enzima gástrica que metaboliza inicialmente el alcohol etílico. Además, las peculiaridades hormonales femeninas, con sus ciclos mensuales de ritmo lunar, parecen influir asimismo en esa circunstancia. La mujer posmenopáusica sufre con mucha mayor intensidad que el varón un complejo proceso de descalcificación ósea, la **osteoporosis,** la cual favorece la aparición de lesiones traumáticas con fracturas ante pequeños golpes o accidentes que de otro modo apenas pasarían de una contusión cutánea o articular.

En las patologías orgánicas que la mujer padece con la misma localización que el hombre se da el denominado «efecto telescopio», consistente en que en ellas la evolución de las lesiones y de sus consecuencias es más rápida. Por ejemplo, una hepatitis alcohólica puede desembocar en una cirrosis casi en la mitad de tiempo en una mujer que en un varón.

Patologías propiamente femeninas serían las siguientes: aumento del riesgo de padecer cáncer de mama, amenorrea, menstruación irregular, síndrome premenstrual y dismenorrea; sin olvidar las fracturas, como las de cadera, antes citadas en relación con la acentuada osteoporosis.

El alcohol disminuye la función sexual, incrementando la latencia y disminuyendo la intensidad del orgasmo. Puede aumentar el deseo sexual, pero la excitabilidad fisiológica disminuye. Aunque la creencia general es que actúa como desinhibidor —y en este sentido se utiliza frecuentemente en los ambientes más jóvenes—, sólo una minoría de las mujeres cambian su conducta sexual cuando beben[9].

El tratamiento del alcoholismo en la mujer, aun cuando en su mayor parte sea equiparable al que se aplica a los varones, tendrá algunas particularidades que deberán ser aprendidas y aplicadas por quienes asistan al problema médico y social. Éstas serán, según Rubio y Blázquez, las siguientes[10]:

- Proporcionar información precisa y sencilla acerca de los efectos del alcohol sobre el organismo y la mayor vulnerabilidad y riesgo que presenta la mujer ante la ingestión de bebidas alcohólicas.
- Mantener una actitud cuidadosa, imparcial, empática y de motivación ante las consecuencias positivas de dejar de beber.
- Evitar críticas que puedan incrementar los sentimientos de baja autoestima y ocultación del problema.
- Informar sobre los efectos del alcohol en el embarazo y la necesidad de abstinencia durante éste.
- Reorganizar los apoyos socio-familiares, laborales y comunitarios.
- Para mujeres bebedoras con cónyuges o parejas que tienen problemas relacionados con el alcohol puede ser necesario realizar un tratamiento conjunto e integrarse en programas de terapia de pareja, familia o grupos de autoayuda.

Los tratamientos parecen mostrar una mayor eficacia en las mujeres que en los hombres, tanto si se considera el resultado final como si se tiene en cuenta el dato importante de la perseverancia en los programas de de-

---

[9]   *Op. cit.*, pág. 332.
[10]   *Op. cit.*, pág. 334.

sintoxicación y ayuda. De hecho, las mujeres que asocian alcoholismo con depresión tienen bastante mejor pronóstico que los varones que presentan esta frecuente asociación morbosa.

Rubio y Blázquez afirman[11]:

> Los principales servicios que las mujeres requerirán durante el tratamiento de sus problemas por el alcohol son:
> - Atención para otros problemas relacionados con el uso o abuso de otras sustancias.
> - Asistencia ginecológica.
> - Asistencia psiquiátrica.
> - Información y asesoramiento sobre problemas de violencia.
> - Asesoramiento legal para determinadas cuestiones civiles, como separación o divorcio.
> - Apoyo social y servicios de atención a los hijos. (Punto, a mi juicio, de los más importantes.)
> - Promoción de la salud y asesoría laboral y educativa.

El alcohol y el embarazo

En España se registran cada año entre 1.000 y 1.500 casos de niños recién nacidos que padecen una gravísima enfermedad llamada **síndrome alcohólico fetal** (SAF). Son hijos de mujeres que han consumido una cantidad excesiva de alcohol durante su embarazo, aunque pueden existir otros factores poco conocidos que faciliten la aparición de la enfermedad.

Estos niños nacen con muy poco peso y una talla reducida, tienen un importante retraso mental —de hecho, es la causa más frecuente del retraso mental y de proble-

---

[11] *Op. cit.*, pág. 336.

mas en el crecimiento en todas las estadísticas mundiales—, parálisis, malformaciones en la cara (ojos pequeños, orejas colocadas más abajo de lo normal, nariz ancha y deformada, cabeza muy pequeña) y en las extremidades (dedos de manos y pies cortos y torcidos, luxaciones de cadera). Además, la vida de estos niños se verá acortada, pues sufren muchas enfermedades, principalmente infecciosas, que les pueden ocasionar la muerte en la infancia.

Por este riesgo, una mujer embarazada no debería tomar alcohol; pero es que las mujeres jóvenes que lo consumen en exceso de forma habitual pueden tener también hijos enfermos aunque se abstengan de beber durante el embarazo.

Los primeros informes sobre esta enfermedad —que lógicamente existía desde siempre, pero no se había establecido la relación causal con el consumo alcohólico de la mujer— son los del francés Lemoine en 1968 y los del británico Jones en 1973. Desde entonces ha aumentado el interés de los médicos por su diagnóstico, cada vez más precoz, y, en lo posible, por su prevención.

Uno de los mayores expertos mundiales en esta cuestión, el profesor F. Majewski, del Instituto de Genética Humana y Antropología de la universidad alemana de Düsseldorf, de acuerdo con sus observaciones sobre un numeroso grupo de pacientes en los que encuentra gran variabilidad de síntomas, establece una clasificación en tres grados de severidad, según las apreciables alteraciones morfológicas del niño y la distinta afectación del sistema nervioso central (Jornadas Internacionales sobre el Síndrome Alcohólico Fetal, 1985):

- *SAF grado III*: caracterizado por un marcado retraso en el crecimiento intrauterino y posnatal. Retraso mental severo. Cabeza pequeña. Alteraciones faciales típicas: frente estrecha y echada hacia atrás, abertura de los párpados corta y estrecha, pliegue

junto al ángulo palpebral más próximo a la nariz
(epicanto), inclinación «antimongoloide» de la
abertura palpebral (ángulo externo más bajo que
el interno, al contrario que en las razas orientales
y en el síndrome de Down), caída de los párpados
superiores, nariz chata y respingada, hoyuelo del
labio superior *(filtrum)* aplanado o ausente, surcos
entre la nariz y el labio muy pronunciados, man-
díbula inferior pequeña y como retraída *(retrog-
natia).* En casi la mitad de los casos el paladar se
encuentra muy arqueado y en alguna ocasión hen-
dido. Los dientes, cuando brotan a partir del sex-
to mes de vida, son pequeños y con caries prema-
turas, frágiles y proclives a romperse ante mínimos
traumatismos.

Los defectos cardíacos en estos niños son muy
variables, pero están presentes prácticamente en
la tercera parte de los pacientes. Consisten en anomalías de la estructura interna del corazón con comunicaciones anómalas entre las distintas cavida-
des del mismo, lo que condiciona una mayor o
menor alteración de la circulación sanguínea.

En un 10 % de los casos existen anomalías
del aparato genitourinario, que van desde los defectos en la formación de los riñones y de las vías
de excreción de la orina hasta malformaciones en
los genitales externos.

El aparato locomotor sufre también alteraciones apreciables. Falta también el correcto desarrollo de los dedos de las manos, hay movilidad
disminuida de los codos y luxación congénita de cadera (en un 10 % de los casos). Los pliegues o lí-
neas de la palma de la mano son poco marcados
o incluso puede faltar por completo alguno de
ellos.

Con todo, las alteraciones más importantes de estos niños con SAF son las que afectan al sistema nervioso central. Aparecen en la casi totalidad de los casos de SAF grave (grado III de la presente clasificación) y moderado (grado II) y en aproximadamente la mitad de los casos leves (grado I). Junto con los defectos estructurales en las distintas partes que componen el complejo entramado del sistema nervioso central (cerebro, cerebelo, bulbo raquídeo y médula espinal), lo principal es su efecto sobre el desarrollo motor y especialmente el mental del pequeño paciente. El cociente intelectual (C.I.) desciende a grados de retraso mental moderado o grave; aumentan simultáneamente los signos de hiperactividad. A partir del segundo o tercer año de vida, y con un correcto seguimiento médico y psicológico, estos déficit pueden remitir en parte, pero nunca alcanzarán los niveles de normalidad para otros niños de su misma edad.

- *SAF grado II:* en la mayoría de los casos, el diagnóstico puede hacerse sólo en el contexto de una historia previa positiva de consumo de alcohol materno. Todos los pacientes de este grupo presentan retraso en el crecimiento intrauterino, bajo peso al nacer y, en los meses o años siguientes, microcefalia, leves anomalías neurológicas, especialmente hipotonía e hiperactividad, así como algunas anomalías faciales, en la mayoría de los casos no diagnósticas, y escasas o ninguna malformaciones internas.

- *SAF grado I:* la forma leve del síndrome alcohólico fetal se caracteriza por un retraso en el crecimiento pre y posnatal, bajo peso, microcefalia y pocas o ninguna anomalías faciales. Prácticamente en ningún caso existen malformaciones internas.

La inteligencia puede ser normal o ligeramente subnormal. Probablemente exista una fácil transición con los niños sanos. Estos casos pueden pasar inadvertidos cuando no se cuenta con una historia detallada de alcoholismo materno.

Otras interesantes conclusiones del trabajo del profesor Majewski son las siguientes:

– La gravedad de las manifestaciones no depende de las cantidades de alcohol consumidas diariamente ni del período de dependencia alcohólica transcurrido con anterioridad al embarazo. Es decir, por pequeño que sea el consumo alcohólico de la madre gestante, el riesgo existe.

– No se encuentra ninguna correlación entre la gravedad de las manifestaciones en la progenie y el tipo preferido de bebida alcohólica.

– Si una mujer deja de beber como resultado de un tratamiento con éxito, no existen riesgos para la descendencia que resulte de futuros embarazos sin alcohol.

Los jóvenes y las bebidas alcohólicas

En este apartado vamos a pasar revista a los motivos que los jóvenes alegan para el consumo de bebidas alcohólicas, a los que se encuentran en el curso de una investigación psicológica y a los modos en que ese consumo se realiza entre la juventud.

Aunque luego los expliquemos con más detalle, incluso utilizando las frases de los propios jóvenes, podemos ahora enumerar los motivos en los siguientes puntos:

– El grupo de jóvenes bebe porque no sabe qué hacer con su tiempo libre y llega a identificar ocio con bebida. Actualmente predominan entre jóvenes y adultos las formas pasivas de entretenimiento.

– El mimetismo, la admiración por algún líder que bebe y al que nos gustaría parecernos, empezando por sus formas externas de conducta: ropa, gestos, bebida...

– Para granjearse la admiración del grupo con una actitud de «valentía», de «atrevimiento». Se trata del falso prestigio de resistir el alcohol. Pero ¿admiraríamos también a quien más tiempo resistiera golpeándose la cabeza contra una pared? No es más fuerte quien más aguanta un daño provocado voluntariamente: es más tonto.

– Otras veces se bebe por conformidad con el grupo, por no sentirse marginado de él cuando todos están bebiendo.

– Por el efecto estimulante del alcohol, que parece liberarnos de nuestras inhibiciones y con ello hacer desaparecer muchos problemas. Se elimina el sentimiento de responsabilidad que nos impide hacer siempre lo que nos dé la gana.

– Conflictos en las relaciones con los padres y de los padres entre sí. Es una forma de buscar en unas especiales relaciones con otras personas, las propiciadas por el consumo de alcohol, la afectividad que se echa en falta en el hogar.

– Pertenencia a un *status* social inferior por el que el joven se siente discriminado socialmente. Se intenta disminuir ese sentimiento mezclándose en los ambientes de bebida juvenil con otros de rango superior al suyo e incluso compitiendo con ellos en el aguante para beber o en la realización de ac-

tos bajo el efecto del alcohol, como la conducción
de vehículos.
— Descenso de la autoestima a causa del fracaso escolar o por la pérdida de un lugar destacado en
clase.
— Cambio de colegio o paso a escuelas de nivel superior.
— Dificultades en la forma de contacto y en el trato
con el otro sexo.
— Miedo a no poder satisfacer debidamente las expectativas, a veces muy altas, de los padres.

Vamos a ver ahora los resultados de una gran encuesta realizada sobre el consumo juvenil de bebidas alcohólicas en la Comunidad de Madrid, realizada en 1993
conjuntamente por la Consejería de Integración Social y
por el Ministerio de Sanidad y Consumo. Los datos obtenidos son por completo comparables a lo que sucede en
cualquier otro lugar de España y seguramente del mundo occidental. Se trata de respuestas dadas por un numeroso grupo de jóvenes con edades comprendidas entre
los catorce y los diecinueve años:
— Un 59,1 % considera aspectos positivos en las bebidas alcohólicas (refresco o producto placentero)
y sólo el 34,2 % las considera como una forma de
droga.
— En la familia, la bebida es habitual. El padre es el
miembro que más bebe, seguido de los hermanos.
La actitud más frecuente de la familia hacia la bebida del joven es indiferente o permisiva. En caso
contrario, es la madre la que más se opone a este
consumo. En general, se les permite beber más a los
hijos que a las hijas, sobre todo el padre.
— Un 84,7 % afirma llevarse bien con su familia. Se
detecta una actitud más contraria al consumo de
bebidas alcohólicas en los hijos de hogares y nive-

les profesionales altos, y una actitud de mayor permisividad o indiferencia en profesiones que implican un bajo nivel de estudios.

– Un 71,3 % de los jóvenes beben (74,94 % de varones y 68,58 % de chicas). Aunque la cifra de mujeres es menor que la de varones, si se compara con estudios realizados en años anteriores, se puede comprobar que ambas se van aproximando por una tendencia clara al aumento de las chicas bebedoras.

– Aunque los chicos suelen probar la bebida en su propia casa, la mayoría (64,5 %) se inicia en el consumo de forma más asidua con amigos, y con ellos normalmente suelen beber en mayor proporción (76,6 %). Dicen beber porque es símbolo de celebración y porque les gusta. La edad más frecuente de iniciación está entre los catorce y los dieciséis años, aunque algunos comienzan a los ocho.

– Habitualmente, la frecuencia de consumo es semanal, sobre todo en fines de semana y celebraciones (70,9 %), si bien algunos beben en días laborables y muy pocos a diario.

– La bebida preferida es la cerveza. Le siguen los «pelotazos», que suelen ser combinados de cola o refrescos con bebidas de alta graduación alcohólica: ginebra, vodka, etc.

– La media de consumo semanal es de 128 gramos de alcohol, que equivalen a 12 botellines de 250 centímetros cúbicos de cerveza.

– Suelen obtener la bebida en bares y discotecas principalmente, a veces en supermercados y, según los resultados de esta encuesta, nada menos que un 30 % de los escolarizados la consiguen a veces en el propio centro escolar, aunque está rigurosamente prohibido.

- La cantidad de dinero de la que disponen semanalmente los jóvenes por término medio es de 2.545 pesetas, de las cuales 1.372 se destinan al consumo de bebida, es decir, un 53,91 % de sus recursos económicos.
- Un 64 % dice haberse emborrachado alguna vez (70 % de chicos frente a 59 % de chicas). El número de veces que esto ha ocurrido es de 4,6 por término medio. El 60,8 % manifiesta juicios negativos sobre el hecho de emborracharse, como «es lamentable» y «procuraré no repetirlo». Las sensaciones que tuvieron fueron principalmente náuseas, vómitos, dolor de cabeza y sueño.
- Un 41,3 % ha visto a algún familiar ebrio.
- Un 11,8 % dice haber conducido habiendo consumido bebidas alcohólicas. Sin embargo, el 74 % considera que esto dificulta la conducción. Hasta un 28,4 % cree que ellos mismos o su grupo han conducido, coche o moto, cuando su capacidad estaba disminuida y entrañaba riesgos para ellos y para terceros. De estos casos, un 16,4 % ha desencadenado accidentes de diversa importancia.
- Un 60,4 % de los jóvenes están interesados en recibir información sobre los efectos del consumo de bebidas alcohólicas.
- El 95,5 % sabe que hay una ley que prohíbe la venta de bebidas alcohólicas a menores de dieciséis años, aunque más de un 60 % opina que esta ley no se cumple, principalmente por motivos económicos.
- Un 73 % cree que la publicidad influye en el consumo de bebidas alcohólicas.

Realmente, repasando los datos de la encuesta anterior, se obtiene una panorámica bastante completa de los hábitos juveniles frente al alcohol, y no cabe duda de que algunas de las cifras aquí reseñadas traspasan la frialdad de los números para hacernos sentir un sobresalto, un escalofrío que debe hacer meditar a toda la sociedad.

Ahora pasaremos revista a algunos de los aspectos que se desprenden de esta encuesta, y para ello utilizaremos los datos que contiene el Documento Técnico de Salud Pública editado por la Comunidad de Madrid bajo el título *La cultura del alcohol entre los jóvenes de la Comunidad de Madrid*. En este trabajo se incluyen fragmentos textuales de las frases utilizadas por los jóvenes de muy diversa extracción social, cultural y laboral durante la encuesta llevada a cabo para su realización.

El modo actual de consumo de alcohol entre los jóvenes de catorce a veinte años, es decir, la bebida masiva durante las noches de dos o tres días a la semana, y el que ésta sea la forma casi exclusiva de diversión y de relacionarse durante esas jornadas, es un hecho que viene produciéndose en la sociedad española desde hace aproximadamente diez o doce años. No se puede decir que ese momento haya coincidido con ningún acontecimiento singular, sino que corresponde a una ocasión en que la sociedad entera ha llegado a una ruptura de todas las normas, a un «todo vale» porque en realidad «nada vale». Cualquier criterio de regulación social se ve desbordado por una «cultura del exceso». Es, por otro lado, la misma época en que en nombre de la libertad y del querer ser «nosotros mismos», todas las personas, y en especial los jóvenes, siguen cualquiera de las modas que surgen: ya sea un determinado tipo o marca de ropa, una forma de lenguaje (aunque se trate del más absurdo y chabacano creado por un personaje de la televisión o nacido en cualquier grupo marginal), o bien el hecho de beber compulsivamente y en grandes grupos las noches de los viernes y sábados. Dicen los mismos jóvenes:

—Antes era como un..., era más severo. Y antiguamente, a los catorce años, pues beber era como..., yo qué sé, como si mataras a alguien; pero ahora no. Ahora los chavalillos, como pueden pillar cerveza por cualquier lado, en cualquier bar, pues les da lo mismo ya.

—Se nota mogollón, sobre todo desde hace unos años con la movida de los «minis»; es lo máximo con los «minis».

El consumo de alcohol es hoy para la mayoría de los jóvenes un verdadero «ritual de iniciación» hacia la edad adulta, como antes lo era el fumar a escondidas, aunque no gustara el tabaco y se acabara mareado y con un horrible mal cuerpo después de fumar varios cigarrillos seguidos porque era «cosa de mayores».

Creyendo, equivocadamente, que lo que los muchachos y muchachas más jóvenes buscan en el grupo de fin de semana es sólo reunirse a oír música y a estar «muchos», se han creado en nuestras ciudades las llamadas discotecas *light,* en las que no se sirven bebidas alcohólicas. Pero se ha podido comprobar que este tipo de establecimientos no hacen sino fomentar el deseo de ser lo suficientemente mayor como para poder tener acceso a los que venden alcohol. Los chicos menores de dieciséis años que acuden a las discotecas *light* se sienten insatisfechos asistiendo a un simulacro de lo que realizan sus hermanos mayores o los compañeros escolares de cursos superiores.

—Ya sabes lo que es una cafetería con una discoteca *light* al lado, que cuando se sale de la discoteca todo el mundo va a beber alcohol.

—Es que estás deseando tener dieciséis o dieciocho años para meterte en las discotecas de verdad.

El tipo de bebidas que se toman influye también en la pérdida de los límites de su consumo. La introducción de los «minis» de cerveza —vasos con capacidad de un litro— que se consumen en grupo aumenta el carácter ritual de la bebida, pero impide el control de lo que en realidad se está bebiendo.

—Es que si vais mucha gente, de un «mini» no puedes calcular si has echado mucho.
—Sí, es más... Se ponen veinte pavos, se pillan dos «minis», y los compartes, y, yo qué sé, te sientes como más..., más metido en la historia.

Los «minis» de cerveza han ido dejando paso a otras variantes. Ahora también se toman de cubalibre o de whisky o de licores. Y se han ido popularizando los llamados «submarinos», que son mezclas de varios licores que tienen un efecto retardado, que se nota al cabo de un buen rato de haberlos ingerido, quizá cuando se está al volante de un vehículo. Incluso ha llegado hasta nosotros una versión de ciertas costumbres americanas que son muestras del más puro salvajismo como el «coscorrón» mexicano.

—¿Cómo se llama ese sitio en que llegas y pones así la cabeza en la barra y te hacen así, toda la mezcla así en la boca, y te sacuden la cabeza, te pegan así y sales de allí que no sabes ni quién eres?

La relación de las mujeres con este ambiente de bebida es compleja. Por un lado, las chicas están cada vez más cerca del modo masculino de beber, tanto por lo que se refiere a la cantidad como a la manera de hacerlo. Pero algunos detalles muestran que no pueden ser iguales en todo.

La imagen de la mujer embriagada es mucho más rechazada por los jóvenes de ambos sexos.

—Una chica borracha no tiene emoción ninguna. Dices «qué pinta de guarrilla»; siempre hay un comentario.

—Una mujer es más asequible cuando está templada que cuando está serena.

—Porque se cree que una chica es un ser más sutil, más femenino y no debe hacer como guarrerías.

—Queda más feo ver «potar» a una chica que a un chico.

Las chicas consideran, con razón, que la pérdida de inhibiciones y de control que supone el consumo de alcohol representa para ellas un mayor riesgo físico que para sus compañeros varones, que puede tener consecuencias muy desagradables.

A partir de una cierta edad, sin embargo, la presencia de chicas en el grupo bebedor puede introducir un cierto factor de control. La formación de grupos mixtos estables o la presencia de la novia en el grupo limita, aunque sea sólo parcialmente, el comportamiento desenfrenado relacionado con el alcohol. También las chicas son más proclives a escuchar a sus compañeros varones del grupo sin necesidad de que éstos sigan consumiendo alcohol para «liberarse» de preocupaciones. No obstante, esto no siempre es así, y con frecuencia son las chicas las que cometen mayor número de dislates durante las noches de bebida, y es que en esto, como en otros muchos aspectos de la vida social y juvenil, parece existir una ley del péndulo que lleva de exageración en exageración, y las chicas creen igualarse a los varones cometiendo sus mismos actos, pero los sobrepasan entrando de lleno en las conductas disparatadas.

A partir de los diecinueve o veinte años de edad se nota un cambio de actitud hacia estas formas de consumir alcohol. El joven va adquiriendo más capacidad para las relaciones subjetivas con los demás; es decir, necesita menos la presencia del grupo para exteriorizar sus sentimientos, y todavía menos el consumo constante y desenfrenado de alcohol porque es «lo que hacen todos», y si no, «no hay otra cosa que hacer». A esas edades se encuentra la satisfacción en la charla sosegada con los amigos, un grupo reducido de ellos; quizá, sí, mientras se bebe algo de alcohol, pero no de forma compulsiva ni exclusiva. El joven siente que tiene una verdadera personalidad propia que quiere compartir con otros. Y empieza a despreciar su anterior actitud o a mirar con pena hacia quienes todavía están inmersos en ella.

> —Y es que lo tengo comprobado: a partir de una edad..., yo qué sé, ponle veinte años en adelante, se consume alcohol, porque es una tontería que se diga que no se consume alcohol, pero de una forma más tranquila.
> —Los que más beben son la gente más pequeña que nosotros: dieciséis, diecisiete años... Ésos salen que ya ni se controlan. A eso es a lo que salen: a beber.
> —Porque es que con quince años no sabes tu límite. Y no lo quieres saber tampoco.
> —Antes se quedaba para beber; ahora, cuando se queda, se puede beber mientras se charla. ¡Qué alivio haber dejado de ser un chiquillo!

También los lugares donde se bebe forman parte del ritual. En cada ciudad existen zonas urbanas muy concretas en las que se acumulan los establecimientos de bebidas para jóvenes. Claro que esto es un dato ambivalente: los jóvenes acuden a esos lugares porque hay muchos «locales», y éstos proliferan precisamente allí porque es la zona preferida por la juventud en sus salidas nocturnas.

Los jóvenes pasan durante la noche de uno a otro bar o *pub* pero marcan unos límites muy definidos al área de sus movimientos, de modo que a veces una calle determinada es una frontera tácitamente aceptada por todos, sin que en todos los casos estén muy claros los motivos de ello. En esas zonas la aglomeración es extraordinaria durante las noches de viernes y sábados para descender notablemente los domingos y ser casi nula en el resto de los días de la semana, al menos durante la época lectiva del año.

El único atractivo del lugar es su abundancia de bares y el ser precisamente allí donde «se queda»; carecen de cualquier otro, e incluso no destacan por sus condiciones de comodidad ni de limpieza, dado el cúmulo de personas de todo tipo que pasan por sus calles en el mismo corto período de tiempo. Realmente en muchos de esos establecimientos los jóvenes están incomodísimos, con calor, sin sitio donde sentarse, ni siquiera donde dejar la ropa de abrigo, empujados constantemente por la multitud que les rodea. Podrían consumir su ración de alcohol en cualquier otra parte, pero no lo hacen porque es precisamente ese gregarismo agobiante el que les ha llevado hasta allí; porque no es tanta la necesidad de alcohol como la de tomarlo en un ambiente que les aleje lo más posible de su forma de vida cotidiana durante la semana.

Datos de interés

☞ Los motivos humanos para la bebida son de tres tipos: naturales, placenteros y socioculturales, siendo estos últimos los más importantes en el caso de las bebidas alcohólicas.

☞ En el acto de beber intervienen los cinco sentidos corporales: gusto, olfato, vista, tacto y oído, y además otros sentidos internos.

☞ El cine y la televisión nos presentan continuamente escenas de consumo de alcohol haciéndonos creer, equivocadamente, que tal consumo es algo normal y habitual en la vida cotidiana.

☞ La publicidad de las bebidas alcohólicas utiliza la figura de la mujer para hacer más atractivos sus productos.

☞ Esta misma publicidad utiliza conceptos como triunfo, vitalidad y alegría íntimamente unidos al hecho de beber alcohol.

☞ La legislación vigente en España prohíbe la publicidad televisiva de bebidas cuyo contenido alcohólico sea superior a 20°. Pero esta prohibición se soslaya con anuncios en los que de forma subliminal se asocia lo que en ellos aparece con marcas conocidas de estas bebidas.

☞ Un 71 % de los jóvenes entre catorce y diecinueve años se declaran bebedores, al menos durante algunos días a la semana. Un 64 % dice haberse emborrachado al menos una vez.

☞ Más del 60 % de estos jóvenes están interesados en recibir información sobre los efectos del consumo de alcohol.

☞ La moda del consumo masivo y en grupo del alcohol por los jóvenes no tiene más de diez o doce años de antigüedad.

☞ Los establecimientos *light* sólo sirven para estimular el deseo en los más pequeños de alcanzar la edad suficiente para consumir alcohol en los otros.

☞ El consumo de bebidas en forma de «minis» hace más difícil el control de la cantidad total ingerida.

☞ Los jóvenes toman cada vez más bebidas «fuertes» y algunas con efectos retardados, que son todavía más peligrosos que los inmediatos.

☞ Las chicas consumen menos alcohol que los varones, pero la imagen que en el grupo se tiene de ellas es más negativa, sobre todo si llegan a la embriaguez.

☞ A partir de una cierta edad, próxima a los veinte años, desciende el consumo de alcohol y aumenta el tipo de relaciones interpersonales más serenas y «adultas».

☞ El ambiente en que se consume el alcohol por los jóvenes es tan atractivo para ellos como el propio alcohol.

Capítulo 5

Aprender a beber

Ideas falsas, pero generalmente admitidas, sobre el alcohol

Se trata de conceptos que se mantienen en la sociedad y que de seguro habrán oído repetir los lectores o los habrán expresado ellos mismos entre sus compañeros más de una vez. Por lo general son ideas que parten de una mínima e inconsistente base científica, pero que a poco que se razone sobre su contenido se revelan como absolutamente falsas. Sin embargo, muchas veces continúan sirviendo como excusa para el consumo de alcohol, de forma que pretende amortiguarse la conciencia del bebedor con el argumento de que el alcohol no es tan malo e incluso tiene ciertas ventajas sobre otras bebidas. Vamos a repasar algunas de estas ideas tan extendidas.

Las bebidas alcohólicas son un alimento

Los alimentos pueden dividirse en cuatro grandes grupos:

1. *Alimentos plásticos,* ricos en proteínas y en calcio, que sirven para formar la estructura orgánica y son, por tanto, esenciales en las épocas de crecimiento del individuo. Los más importantes son la leche, las carnes, el pescado y los huevos.

2. *Alimentos energéticos,* muy ricos en calorías, que proporcionan la mayor parte de la energía necesaria para el funcionamiento del organismo. Aquí se cuentan azúcares, cereales, aceites y grasas.

3. *Alimentos reguladores,* con gran cantidad de vitaminas A, B y C, necesarias para la regulación de las reacciones químicas mediante las cuales se utilizan el resto de los alimentos, así como para el

control de muchas funciones orgánicas, tales como la lucha contra las infecciones, la integridad de la piel y de las membranas mucosas, la agudeza visual y el mismo crecimiento armónico de las células y los órganos. En este grupo se incluyen las frutas, las verduras y las hortalizas.

4. *Alimentos mixtos,* porque contienen un poco de todo lo de los demás y, por tanto, cumplen simultáneamente funciones plásticas, energéticas y reguladoras. Son, por ejemplo, las patatas, las legumbres y los frutos secos.

Las bebidas alcohólicas están compuestas casi exclusivamente por alcohol y agua. Algunas (vino, cerveza) contienen hidratos de carbono, por lo que aportan un suplemento de calorías que se manifiesta en la ganancia de peso de quienes las consumen. El contenido de vitaminas y minerales es prácticamente insignificante.

El alcohol etílico aporta 7 calorías por gramo cuando es quemado en el organismo, pero este aparente efecto energético no es comparable al conseguido mediante el consumo de otras fuentes calóricas de las reseñadas en la clasificación de los alimentos que acabo de exponer.

Los azúcares, las grasas y las proteínas que se ingieren por encima de las necesidades inmediatas se almacenan en los tejidos. Las grasas lo hacen en el tejido adiposo situado debajo de la piel; los azúcares se acumulan en los músculos y en el hígado. Luego, según el organismo va precisando alguna de esas sustancias, las va liberando de su almacenamiento de forma paulatina.

Pero el organismo no puede almacenar el alcohol, y sólo una mínima parte es eliminada como tal alcohol a través de la orina y de la respiración, como se ha explicado en otro capítulo de este libro. El resto debe ser quemado para transformarse en otras sustancias de más fácil eliminación, sobre todo anhídrido carbónico y agua.

Mientras se produce esa eliminación, el alcohol permanece en la sangre y sigue manifestando sus efectos sobre todo el organismo.

Si la cantidad de alcohol que es necesario quemar —oxidar— resulta excesiva para los mecanismos normales dedicados a esa función, principalmente en el hígado, el organismo se ve obligado a utilizar otras vías alternativas que le suponen un importante daño a las células. Se ha comparado gráficamente esta situación con la de «quemar carbón malo», para lo que es necesario mezclarlo con «carbón bueno», que de esa forma se desperdicia y estropea. Las células necesitan entonces quemar sus propias reservas de energía y en esa labor se destruyen, con el consiguiente perjuicio para los tejidos y órganos del cuerpo.

Por tanto, las calorías del alcohol no son útiles para alimentar al organismo, ni para servirle de energía durante el esfuerzo físico o cualquiera otra de sus funciones, sino que perjudican su normal equilibrio energético.

El alcohol sirve para combatir el frío

Acabamos de ver cómo las calorías procedentes del alcohol son poco o nada útiles para el organismo. Cuando se necesita un aumento de energía calórica para combatir el frío son mucho más importantes las calorías que se obtienen a partir de la grasa y los azúcares almacenados en los tejidos. Lo primero que se utiliza es el azúcar de los músculos: éstos se contraen bruscamente para quemar esa energía acumulada y tales contracciones se manifiestan en forma de los **escalofríos** o de la **tiritona** que sentimos al estar en un ambiente de baja temperatura.

Por otra parte, el alcohol produce una dilatación de todos los vasos sanguíneos situados debajo de la piel —de ahí el enrojecimiento de la cara y la nariz en las personas bebedoras—, con lo que la cantidad de sangre que llega a esas regiones corporales es mucho mayor de la habitual. Al contener más sangre, la piel se calienta, dando una impresión de que todo el organismo está también más caliente. Pero en realidad sucede lo contrario: se pierde mucho calor a través de la piel y el interior del cuerpo se enfría todavía más. Son muy frecuentes las congelaciones, las pulmonías y otras graves afecciones en personas sometidas a bajas temperaturas bajo el efecto del alcohol.

Cuando una persona sufre un enfriamiento grave, como en el caso de montañeros y otros deportistas, lo primero que hay que hacer es abrigarle para impedir la pérdida de calor a través de la piel; luego, darle calorías útiles en forma de bebidas calientes muy azucaradas; pero nunca se le debe dar alcohol, porque estimularía la pérdida de temperatura cutánea, aunque el sujeto pueda sentir momentáneamente una sensación subjetiva de calor.

El alcohol da fuerzas y mejora el trabajo físico

Para el trabajo físico se necesita la energía muscular, y los músculos no utilizan nunca las calorías del alcohol, sino las suyas propias almacenadas en forma de azúcares dentro de sus células.

El alcohol presta una falsa sensación de fuerza porque al actuar sobre el sistema nervioso central bloquea la sensación de fatiga. Sin embargo, la fatiga existe y se va acumulando, pero sin que la persona establezca los necesarios períodos de descanso o el ritmo de trabajo adecuado para que el organismo se recupere. De este modo, en un momento determinado, la fatiga hará su aparición, pero en grado extremo, con el consiguiente derrumbamiento físico y los riesgos de accidente o de lesión que esto conlleva.

Las bebidas alcohólicas tampoco sirven para compensar las pérdidas de agua y de minerales que se producen durante el esfuerzo físico, laboral o deportivo. Su contenido en minerales ya sabemos que es inapreciable, y en cuanto al agua que puedan aportar, queda ampliamente superada por la mayor cantidad de orina que se produce por efecto del alcohol, según vimos al tratar de la actuación de esta sustancia sobre los diferentes órganos.

El alcohol es estimulante del apetito

En esta idea se ha fundamentado durante mucho tiempo la existencia en el mercado de bebidas alcohólicas supuestamente destinadas a abrir el apetito de enfermos, convalecientes, ancianos y, lo que es mucho más grave, de niños. Me refiero a los que se denominan **vinos quinados,** porque junto con su contenido alcohólico, siempre significativo, llevan incorporadas sustancias aromáticas y amargas como la *quina*. En cientos de hogares se ha iniciado el contacto de los niños con el alcohol a través de este tipo de bebidas. Estos vinos, tomados además en ayunas, producen un aumento de la secreción de jugos gástricos y de las contracciones del estómago, todo lo cual provoca una sensación de hambre. Pero ya sabemos que el alcohol, cualquier clase de alcohol, solo o con los más dispares aditivos, no tiene ningún efecto estimulante del crecimiento orgánico, sino más bien todo lo contrario.

Si se quiere estimular el apetito, existen otros productos en nada relacionados con el alcohol y de probada eficacia a cualquier edad, y, desde luego, en la infancia, momento en el que cualquier contacto con la bebida alcohólica debe estar rigurosamente prohibido.

Otro tanto cabe decir de los llamados, en general, **aperitivos** —palabra que alude precisamente a «abrir», en este caso abrir el apetito—, que son también bebidas alcohólicas con sustancias aromáticas para estimular simultáneamente los sentidos del gusto y del olfato, que también intervienen de modo conjunto en el hecho y, sobre todo, en el placer de comer.

El alcohol puede ser una medicina

Oímos reiteradamente que una pequeña cantidad de alcohol mejora la circulación sanguínea, eleva la tensión arterial en las personas hipotensas y puede calmar pequeños dolores, como los de muelas o los menstruales de la mujer.

En muchos de estos casos, los efectos del alcohol no pasan de ser meramente psicológicos, al hacer que el individuo «se sienta mejor», pero sin que actúen efectivamente sobre los síntomas y menos aún sobre las causas de la enfermedad. Sí es cierto que una cantidad moderada de alcohol produce una dilatación de los vasos sanguíneos y que eso puede mejorar momentáneamente algunos síntomas circulatorios, pero su efecto es pasajero y, desde luego, la medicina dispone hoy de numerosos medicamentos para tratar estas enfermedades que carecen de los riesgos inherentes al consumo de alcohol.

Es de extraordinaria importancia, además, conocer los efectos secundarios, a veces gravísimos, del uso simultáneo de alcohol y de ciertos medicamentos, como los analgésicos utilizados para el tratamiento del dolor. Conviene recordar que, por lo general, el alcohol está absolutamente contraindicado mientras se está tomando alguna medicación.

Para que pase la borrachera es bueno ingerir café solo

El café contiene cafeína, que es un estimulante del sistema nervioso central. La cafeína despertará al sujeto ebrio, pero eso no significa que le vuelva sobrio. Además, la cafeína reduce la sensación de fatiga, pero no elimina los efectos del alcohol sobre el cerebro.

De lo anterior se deduce algo muy importante: no debe darse café a una persona que tenga que conducir después de haber estado bebiendo, porque el café le despertará y creerá que está sobrio cuando en realidad sus reflejos permanecen profundamente alterados.

Cada persona es capaz de controlar la cantidad de alcohol que toma

Aquí se trata de una falsa seguridad en nosotros mismos, de la que todos pecamos en estas o en otras circunstancias. Quizá seamos capaces de controlar el consumo de cualquier otra sustancia que nos permita mantener la razón alerta, pero en el caso del alcohol hablamos de una **droga** que, por definición, altera las capacidades mentales, racionales, de quien la consume.

Además, en el consumo de las bebidas alcohólicas intervienen otros factores que limitan la capacidad de juicio de la persona. Por un lado, se bebe generalmente en grupo, lo que hace que la opinión de cada uno esté mediatizada por la de los demás. Por otro, en muchas ocasiones la ingestión de alcohol está fomentada por la existencia previa de tensiones emocionales o de problemas de relación, y eso representa una desventaja a la hora de enjuiciar el comportamiento posterior.

El consumo de alcohol nos permite entablar relaciones sociales

El uso del alcohol promueve en la persona unas conductas despreocupadas, irresponsables y fuera de la realidad. El alcohol es fundamentalmente un depresor del sistema nervioso central y de sus capacidades más elevadas y propiamente humanas. El efecto estimulante inicial sobre el cerebro es muy transitorio, por lo cual los sentimientos de euforia, facilidad de expresión, simpatía o espontaneidad, que serían los que propiciasen aquellas relaciones sociales, son falsos y siempre en el límite peligroso de desbordarse hacia otras actitudes verdaderamente antisociales.

Aprendiendo a beber (si es que se quiere)

Después de todo lo que se ha venido contando en las páginas anteriores, y para terminar, habremos de hacernos una pregunta: ¿cómo beber? Como es lógico, la respuesta es terminante: *Antes de que se complete el desarrollo físico*, esto es, antes de los dieciocho años, por poner una edad aceptada por casi todos los investigadores y médicos, *no se debe beber alcohol de ninguna manera*.

Pero, claro, el que yo diga esto taxativamente puede convencer a alguno, pero para otros será como predicar en el desierto. Por eso, para los que no vayan a hacer caso de la prohibición total, doy a continuación unas normas finales que, por cierto, son aplicables del mismo modo a las personas adultas:

1. *No midáis el peligro de las bebidas alcohólicas que toméis por su contenido alcohólico.* Tened en cuenta que la cantidad que se sirve y la que se bebe es inversamente proporcional a ese contenido. La cerveza tiene menos grados que el whisky, efectivamente, pero se bebe mucha mayor cantidad y, al final, un par de jarras de cerveza tienen el mismo alcohol que unas copas de licor.

2. *No mezcléis las bebidas,* porque entonces, además de sumarse el alcohol de una y otra, lo hace también el efecto estimulante o depresor de cada bebida, y el resultado suele ser catastrófico.

3. *No toméis alcohol,* ninguna cantidad, *mientras os estéis medicando.* En último caso, consultadlo con el médico o leed detenidamente el prospecto

informativo que acompaña al envase del medicamento.

4. Utilizando una frase del escritor británico Gilbert K. Chesterton, «bebed porque seáis felices, pero nunca porque seáis desgraciados». Es decir, si llegáis a beber, que sea dentro de un estado general de alegría, pero no para quitaros de encima un disgusto, una preocupación o un sentimiento de inferioridad de cualquier tipo.

5. *Si bebéis, hacedlo porque sea vuestro libre deseo,* nunca por imitar a otros, ni porque otros os inciten a ello apelando a la solidaridad del grupo o a vuestro valor. Donde venden alcohol también venden otras bebidas que no lo contienen.

6. *Nunca esperéis del alcohol algo que no seáis capaces de obtener sin él.* En vuestra vida tendréis que estar más tiempo sobrios que «achispados» y durante ese período realizaréis las cosas más importantes. La opinión que los demás tienen de quienes beben demasiado no es buena, aunque mientras comparten la juerga parezca que les admiran.

7. *Confiad vuestros problemas,* incluido el del alcohol si lo tenéis, *a personas que puedan ayudaros a resolverlos* y que no son nunca los compañeros de copas, que tampoco han sabido resolver el suyo.

Capítulo 6

Diagnóstico y tratamiento

Diagnóstico

El procedimiento para elaborar el diagnóstico, tanto de la intoxicación aguda como de la crónica, es la determinación de los niveles de alcohol etílico en la sangre del sujeto. Los niveles de etanol muestran, a grandes rasgos, correlación con los signos clínicos. Sin embargo, hay diversos factores que pueden influir en esta relación y que habrán de ser tenidos en cuenta a la hora de considerar, por ejemplo tras un accidente, si el estado físico de una persona se debe a su contenido hemático de alcohol.

Entre estos factores son de destacar la tolerancia inducida por el alcoholismo crónico, las interacciones medicamentosas si se está bajo algún tratamiento médico, o la existencia de una enfermedad subyacente que puede de por sí alterar la conducta, sin que tal situación esté determinada por un concreto nivel de alcoholemia. Por otra parte, también influye en la valoración de esta prueba el momento de la extracción de la muestra con respecto al tiempo transcurrido desde la ingesta de alcohol, puesto que su metabolismo está acelerado en los alcohólicos crónicos, y así encontraremos quizá niveles bajos de alcoholemia en una de estas personas comparada con un sujeto no bebedor habitual a igualdad de cantidad de alcohol ingerido y de tiempo transcurrido entre la bebida y la práctica del análisis.

Por supuesto que es necesario esmerar la técnica de recogida de muestras y el manejo posterior de las mismas durante su análisis, pues el alcohol etílico es un producto muy lábil y se puede alterar con facilidad durante todo el proceso; algo que considera con mucho detalle la medicina forense cuando se trata de establecer responsabilidades en actos penales.

El método más simple, rápido y que no requiere la práctica de punciones venosas es la utilización de aparatos que miden la concentración de alcohol en el aire exhalado en una espiración pulmonar forzada. Mediante unos factores de corrección estipulados para cada instrumento, ponen en relación dichos niveles con los existentes en la sangre —que pasa a través de los pulmones durante el proceso circulatorio y allí libera una parte de sus componentes, como el anhídrido carbónico y algunos tóxicos, entre ellos el alcohol—.

Existen en la actualidad dos tipos diferentes de instrumentos con esta finalidad. Las diferencias entre ellos son importantes, hasta el punto de que la normativa legal obliga a que, en el atestado llevado a cabo en un control rutinario o tras un accidente o la comisión de un delito, el agente de la autoridad especifique cuál de ellos ha sido utilizado junto a la cifra obtenida. La principal de esas diferencias es que los denominados **alcoholímetros** aportan una cifra que se corresponde prácticamente con la real existente en la sangre, mientras que los **etilómetros** —más usuales hoy día— dan un valor igual a la **mitad de la alcoholemia.** De ahí las diferencias señaladas en el artículo del Reglamento de Circulación o Código mencionado en otro lugar de este mismo libro.

En la orina también es posible detectar la presencia de alcohol, pero con los medios actuales esta detección es sólo cualitativa —hay alcohol o no—, pero no cuantitativa —sus niveles exactos—, por lo que, aun sirviendo para excluir el consumo, no permite su valoración a efectos diagnósticos ni mucho menos legales.

En la atención médica especializada a los pacientes sospechosos de alcoholismo o con éste ya confirmado, cuando se intenta valorar el grado de aceptación orgánica derivado del consumo agudo o crónico de alcohol, se realizan otros muchos análisis y pruebas complementarias —electrocardiograma (ECG), electroencefalograma (EEG), radiografías de tórax—. En cualquier caso, todos estos estudios quedan reservados, como digo, al ámbito asistencial especializado y, desde luego, en centros médicos ambulatorios u hospitalarios.

El diagnóstico clínico puede poner en relación distintos niveles de alcoholemia con los síntomas que en un momento determinado presenta una persona. A título orientativo, éstos son —según se recogen en el *Manual de drogodependencias* antes citado— los más significativos —me permito transformar las cifras de miligramos por decilitro a las de gramos por litro de las que venimos hablando hasta ahora—:

En estado de **sobriedad** la concentración de alcohol en sangre oscila **entre 0,1 y 0,5 gramos por litro** (g/l); aparentemente no hay síntomas, conducta prácticamente normal. Ligeros cambios detectables con determinadas pruebas. [En este punto quizá cabría matizar que la auténtica sobriedad sería aquella situación en la que los niveles de alcoholemia fuesen de 0 g/l; pero a los efectos que aquí se pretenden, prefiero dejar esas cifras indicadas por los autores.]

El siguiente estado podemos calificarlo como de **euforia** (concentraciones **entre 0,3 y 1,2 g/l**). Se presenta con una ligera euforia, aumento de la sociabilidad y locuacidad; crece la autoestima y disminuyen las inhibiciones, así como la atención, la capacidad de enjuiciamiento y el control; hay también una pérdida de rendimiento en los distintos tests que miden esas habilidades intelectivas.

Después encontramos la fase de **excitación** (de **0,9 a 2,5 g/l**), en la que se da inestabilidad emocional, disminución de las inhibiciones, disminución de la atención, pérdida del juicio crítico [y autocrítico], alteración de la memoria y la comprensión, disminución de la respuesta a los estímulos sensoriales, aumento del tiempo de reacción, ligera descoordinación muscular.

Si la concentración de alcohol en sangre sigue aumentando, estamos en la fase de **confusión** (**de 1,8 a 3,0 g/l**), con desorientación, confusión mental, mareos, manifestación exagerada de los sentimientos, alteraciones en la percepción del color, forma, movimiento y dimensiones; disminución del umbral del dolor, alteraciones del equilibrio, descoordinación muscular, marcha insegura y habla pastosa.

Al subir la concentración, entramos en la fase de **estupor** (**entre 2,7 y 4,0 g/l**), en la que los síntomas son de apatía, inercia, incapacidad y descoordinación muscular, incapacidad de caminar y permanecer de pie, respuesta a los estímulos muy dilatada, vómitos e incontinencia de esfínteres, estado alterado de la conciencia, sueño o estupor.

Al aumentar la concentración (**entre 3,5 y 5,0 g/l**), la fase en la que se entra se puede considerar de **coma.** Hay una inconsciencia completa, estado anestésico y coma, depresión o abolición de reflejos, hipotermia, incontinencia de orina y heces, compromiso de la circulación y respiración, pudiéndose llegar a la muerte. Por **encima de 4,5 g/l** se suele producir la **muerte** por parálisis respiratoria[12].

El estadounidense Consejo Nacional contra el Alcoholismo ha publicado en la más prestigiosa revista de la especialidad, el *American Journal of Psychiatry* —de obligada consulta y referencia para cualquiera que desee abordar el problema del diagnóstico del alcoholismo—, unos criterios clínicos, fisiológicos, psicológicos, de conducta y de actitud, que vale la pena reproducir con sólo los necesarios retoques para hacer comprensibles al lector los

[12]   R. Cabrera Bonet y J. M. Torrecilla Jiménez, *Manual de drogodependencias,* con el patrocinio de la Delegación del Gobierno para el Plan Nacional Sobre Drogas y Agencia Antidroga de la Comunidad de Madrid, Cauce Editorial, Madrid, 1998, págs. 190-191.

tantas veces enrevesados términos que utilizamos los médicos para referirnos a síntomas y enfermedades[13].

Grupo I: Criterios fisiológicos y clínicos

Todos los criterios van seguidos de un número (1, 2 o 3), indicativo del grado de posibilidad para el diagnóstico:

1 = Diagnóstico de alcoholismo.

2 = Fuertemente indicativo de alcoholismo.

3 = Posiblemente indicativo de alcoholismo.

En cualquier caso, el médico debe diferenciar los síntomas enumerados de aquellos similares que causan otras enfermedades ajenas al alcoholismo:

Dependencia fisiológica

1. Dependencia fisiológica manifestada por la evidencia de un síndrome de abstinencia cuando se interrumpe o disminuye la ingesta de alcohol sin ser sustituido por ningún sedante. (El abuso de sedantes, por sí mismo, puede producir ante su supresión un estado similar a éste de abstinencia alcohólica.)

    a) Temblor de extremidades (manos, sobre todo). [1]

    b) Alucinaciones. [1]

    c) Episodios de abstinencia. [1]

    d) Delirium tremens: normalmente comienza entre el primer y el tercer día tras la retirada, y por lo menos incluye temblor, desorientación y alucinaciones. [1]

2. Evidencia de tolerancia a los efectos del alcohol. Aunque el grado de tolerancia al alcohol no corresponde al grado de tolerancia respecto a otros

---

[13] *Op. cit.*, pág. 191.

fármacos, los efectos de una determinada cantidad de alcohol varían mucho entre alcohólicos y no alcohólicos.

a) Una alcoholemia de más de 1,5 g/l en sangre sin signos evidentes de intoxicación. [1]

b) Consumo de 750 centímetros cúbicos de whisky o cantidad equivalente de vino o cerveza (véanse anteriormente estas equivalencias) diariamente durante más de un día por un individuo de 80 kilogramos. [1]

3. Período denominado de «apagón» alcohólico, esto es, de desconexión con el medio o de graves alteraciones psicomotoras en alguien con evidencia de haber consumido recientemente alcohol. [1]

Criterios clínicos. Enfermedades clave asociadas al alcohol

Se puede asumir que existe alcoholismo si se desarrollan las enfermedades clave relacionadas con el alcohol en una persona que beba habitualmente. En estos individuos se debe investigar la dependencia psicológica y fisiológica.

– Degeneración grasa del hígado sin causa conocida. [2]
– Hepatitis alcohólica. [1]
– Cirrosis hepática. [2]
– Pancreatitis sin existencia simultánea de cálculos biliares. [2]
– Gastritis crónica. [3]
– Alteraciones hematológicas: algunos tipos de anemia, déficit de ácido fólico, disminución en el número de plaquetas y en la función antihemorrágica de éstas. [3]
– Graves alteraciones psiquiátricas y motoras que configuran el denominado *síndrome de Wernicke-Korsakoff*. [2]

- Degeneración cerebral en ausencia de Alzheimer o arteriosclerosis. [2]
- Alteraciones en los nervios de las extremidades o *beriberi* (enfermedad de los nervios que provoca parálisis, causada por déficit de vitamina B_1). [3]
- Pérdida de visión tóxica. [3]
- Afectación del músculo cardíaco por el alcohol. [2]
- Pelagra (enfermedad por carencia de vitamina PP que afecta a la piel y a las mucosas). [3]

Grupo II: Criterios psicológicos, de la conducta y de la actitud

Al igual que otras enfermedades crónicas recidivantes, el alcoholismo ocasiona daños personales, sociales y psíquicos. Las implicaciones de estas alteraciones deben evaluarse y ponerse en relación con el individuo y su patrón de consumo. Los siguientes patrones de conducta muestran la dependencia psicológica del alcohol:

1. Beber a pesar de serias contraindicaciones médicas conocidas por el paciente. [1]
2. Beber a pesar de fuertes contraindicaciones sociales (pérdida de trabajo por etilismo, etc.). [2]
3. Manifestaciones del paciente de pérdida de control sobre el consumo de alcohol. [2]

Tests y cuestionarios para diagnosticar el alcoholismo

Un test utilizado frecuentemente para el diagnóstico de alcoholismo es el llamado *Test corto de Michigan*, en el que se realizan al sujeto diez preguntas a las que debe contestar *sí* o *no*. En cada una, la respuesta significativa (S o N) tiene una puntuación. Si la puntuación total es igual o superior a 6, el diagnóstico es de probable alcoholismo.

1. ¿Piensa usted que bebe demasiado?... N (2)
2. ¿Creen sus amigos o conocidos que usted bebe normalmente?... N (2)
3. ¿Ha estado alguna vez en una reunión de Alcohólicos Anónimos?... S (5)
4. ¿Ha perdido alguna vez amigos por culpa del alcohol?... S (2)
5. ¿Ha tenido alguna vez problemas laborales a causa del alcohol?... S (2)
6. ¿Alguna vez ha abandonado sus obligaciones, su familia o su trabajo durante dos días seguidos o más a causa del alcohol?... S (2)
7. ¿Ha tenido alguna vez *delirium tremens*, temblores graves, oído voces o visto imágenes inexistentes después de beber abundantemente?... S (2)
8. ¿Ha solicitado alguna vez ayuda para superar su adicción a la bebida?... S (5)
9. ¿Ha estado ingresado alguna vez en un hospital a causa del alcohol?... S (5)
10. ¿Ha sido alguna vez denunciado por las autoridades por conducir bebido o después de beber?... S (2)

A continuación expongo otro cuestionario en cierto modo parecido al anterior, aunque quizá de más fácil resolución y evaluación por el propio sujeto.

Hágase las siguientes preguntas y contéstelas con la mayor sinceridad
1. ¿Bebe usted a solas?
2. ¿Se siente obsesionado por el deseo de beber en ciertos momentos del día?
3. ¿Desea tomarse una copa a la mañana siguiente?
4. ¿Han disminuido sus aptitudes desde que bebe?

5. ¿Ha sufrido amnesias a causa de la bebida?
6. ¿Ha tenido dificultades financieras por causa de la bebida?
7. ¿Compromete la bebida su posición o negocio?
8. ¿Es la bebida causa de ausencia en su trabajo?
9. ¿Bebe usted para reafirmar su confianza en sí mismo?
10. ¿Bebe usted para olvidar preocupaciones o molestias?
11. ¿Acepta su familia su forma de beber?
12. ¿Hace desgraciada a su familia el hecho de beber?

Si ha contestado afirmativamente:
- **UNA** pregunta: Quizá sea usted alcohólico.
- **DOS** preguntas: Hay grandes posibilidades de que sea usted alcohólico.
- **TRES o más preguntas:** Usted es, indudablemente, un ENFERMO ALCOHÓLICO.

Cuestionario utilizado por la Universidad John Hopkins, Baltimore (EE.UU.).

Signos de riesgo

Con todo lo dicho hasta aquí ya debería de ser fácil para cualquier individuo percatarse de si en su caso existe un problema relacionado con el consumo de alcohol. Lo que sucede es que, en la mayoría de las ocasiones, cuando ese problema está ya instaurado en una persona, ésta es la que menos cuenta se da de su existencia o la que lo hace en último lugar. Efectivamente, suelen ser los otros, los que le rodean, quienes antes perciben que su compañero de estudios, de trabajo o de grupo de amigos ha entrado a formar parte de ese conjunto de individuos, lamentablemente numeroso, para los que el alcohol constituye no ya un riesgo, sino un daño real.

Son muchos los signos que pueden alertar de esa situación a una persona de nuestro entorno. Algunos de ellos, desde luego, cuando se hacen evidentes no son necesariamente indicio de un uso indebido del alcohol, sino que es posible también que se deban a algún otro tipo de crisis por la que esté atravesando. De cualquier modo, son todos ellos sugestivos de que esa persona necesita ayuda por nuestra parte.

El Instituto Español de Investigación sobre Bebidas Alcohólicas (INESIBA), en su folleto titulado *¿Cómo se lo digo yo a mis alumnos? Adolescencia y bebidas*[14], propone los siguientes signos de alarma:

a) *En cuanto al aspecto físico:* cansancio; indiferencia como expresión de falta de energía; pasividad; señales físicas como ojeras, ojos enrojecidos, etc.

b) *En cuanto al proceso de aprendizaje:* dificultades en la concentración; irregularidad en la asistencia a clase; ritmo de estudio desigual con perturbación en el aprendizaje; pasividad para resolver problemas.

c) *En cuanto al comportamiento:* cambios bruscos de humor; postura de resignación y falta de participación; frecuente tendencia al consumismo; incapacidad para tomar decisiones; inhibición de culpas y responsabilidades; rehuir conflictos; sentimientos de debilidad compensados por una falsa apariencia de fuerza; rechazo de ofertas de ayuda; comportamiento agresivo; infracciones del reglamento escolar; estados depresivos.

d) *En cuanto a la relación con los demás:* escasas relaciones con los demás; inhibiciones en el trato con los del otro sexo; mal comportamiento con sus

---

[14] E. Cubas Cova, L. Valdemoros Grijalba y P. Revuelta Dugnol, *¿Cómo se lo digo yo a mis alumnos? Adolescencia y bebidas. Consideraciones para los maestros,* INESIBA, Madrid, 1993.

compañeros; cambio frecuente de relaciones; tensiones en las relaciones con los padres, educadores y superiores; falta de comunicación sobre las dificultades e inquietudes personales; comportamiento sistemático de oposición.

Como podemos comprobar, están aquí reflejadas prácticamente todas las alteraciones de la conducta física y de relación que hemos ido comentando en capítulos anteriores. Una pérdida de las funciones superiores del intelecto en beneficio de otras inferiores que dificultan o imposibilitan por completo la normal actividad de la persona y la adquisición por su parte de patrones de conducta y de conocimientos que permitan definirla como un ser inteligente y social. Un ser capaz de abarcar con su mente el mundo entero que le rodea y de hacer partícipes de sus pensamientos al resto de las personas.

Tratamiento

Una vez detectada la existencia del problema, bien por el propio individuo o por sus más próximos, ¿qué puede hacerse para iniciar su resolución?

En primer lugar, no negar la evidencia; es decir, no esconder la cabeza debajo del ala, actitud propia de los avestruces, pero que no les sirve ni siquiera a ellos. No vale de nada creer que el problema se solucionará sólo con dejarlo estar. La adicción al alcohol es una forma de enfermedad y, al igual que otra cualquiera, necesita primero conocer el padecimiento y luego poner remedio por parte de quienes saben y pueden hacerlo. Muchas veces los compañeros y amigos del afectado piensan que llamándole la atención perderán su confianza, se enemistarán con él, y puede más un falso criterio de amistad que el verdadero sentido de beneficiar a aquel a quien sinceramente se aprecia.

El siguiente paso, por tanto, ha de consistir en encaminar al sujeto que tiene un problema alcohólico hacia las personas e instituciones que mejor puedan ayudarle porque tienen más experiencia en el trato con casos similares. Existen en todas las Comunidades centros de atención a personas con adicción al alcohol; suelen depender de las respectivas consejerías de Sanidad; garantizan una absoluta discreción en el tratamiento de cada caso y ofrecen numerosas y útiles vías de rehabilitación.

Dada la complejidad de la enfermedad por las frecuentes recaídas y las múltiples variedades que suelen presentarse, es habitual recurrir al tratamiento psiquiátrico y, dentro de éste, a la denominada psicoterapia explicativa, que suele dar buenos resultados ante la enunciación de las perspectivas catastróficas que se le presentan al enfermo.

Existen diversos productos químicos que, administrados al sujeto, pretenden inducir en él una aversión por el alcohol al provocar síntomas muy desagradables —náuseas, vómitos, hipotensión arterial— cuando se ingiere mientras se está bajo su efecto. Los más utilizados han sido por mucho tiempo el **disulfiram,** con denominación farmacéutica de Antabus®, el **tetrabamato** —Sevrium®— y la **silimaina** —Legalón®—. Desde luego, tales productos deben administrarse bajo un estricto control médico, ante la posibilidad de que los efectos secundarios conduzcan a un agravamiento de la patología orgánica subyacente en el sujeto alcohólico. Y no menos necesaria es la colaboración de la familia, que debe vigilar que se cumpla el tratamiento, puesto que, ante la acritud de los síntomas, muchas veces el propio paciente lo abandona.

Una vez conseguida la desintoxicación será fundamental mantener a la persona alejada del alcohol e inhibir el deseo incontenible de seguir ingiriéndolo que seguramente anida en algún recóndito lugar de su personalidad. Para lograr estos objetivos es necesario continuar con la periódica atención psiquiátrica, el permanente apoyo familiar y ambiental, y también en ocasiones recurrir a la utilización de fármacos que no producen aversión al alcohol como los anteriormente citados, sino precisamente una disminución de ese deseo, lo que los anglosajones denominan *craving*. De los medicamentos de este tipo, los más utilizados son el **acamprosato** —Campral®, Zulex®— y sobre todo la **naltrexona** —Revia®, Celupan®—.

La prestigiosa revista *Newsletter. Salud Global®*, en su número de mayo de 2000, ha publicado las conclusiones a las que un amplio grupo de expertos mundiales ha llegado para establecer un *Consenso para el tratamiento farmacológico de la dependencia alcohólica*, que en España se denomina *Consenso ORCA (Objetivo: Reducir el Consumo de Alcohol)*. A continuación recogeré los datos más importantes de esas conclusiones.

Todos los pacientes alcohólicos son susceptibles de ser tratados con naltrexona, con excepción de aquellos que presentan alguna de las siguientes contraindicaciones:

- Consumo activo de opiáceos.
- Insuficiencia hepática severa (siendo su dato clínico más fiable la elevación de las cifras de bilirrubina en la sangre).
- Embarazo (no existe evidencia clínica sobre su uso).

La utilización de naltrexona está indicada como coadyuvante del abordaje terapéutico de la dependencia de alcohol, y los mejores resultados se obtienen cuando su prescripción forma parte de un plan terapéutico integral e individualizado. Así, la intervención psicosocial aumenta el cumplimiento del tratamiento con naltrexona y, de la misma forma, la naltrexona, en la medida que reduce el ansia de consumir y ayuda a conseguir y mantener la abstinencia, puede hacer al paciente más receptivo a las intervenciones psicoterapéuticas.

La naltrexona debe ser utilizada desde el comienzo del tratamiento de la dependencia alcohólica —tanto en pacientes ambulatorios como hospitalizados—, siempre que no existan contraindicaciones para su uso.

La información sobre el tratamiento favorece el cumplimiento del mismo. Por ello, una vez establecido el plan terapéutico individualizado se facilitará al paciente información y consejo para aumentar su conocimiento y sus expectativas sobre el tratamiento con este fármaco.

Los pacientes deben ser informados de que después de interrumpir el consumo de alcohol pueden experimentar síntomas de abstinencia y que pueden sentirse poco confortables durante la primera semana. Asimismo deben saber que algunos de los efectos adversos más comunes relacionados con la naltrexona, sobre todo cefaleas, náuseas y ansiedad, pueden solaparse con los síntomas de abstinencia, de forma que con frecuencia es difícil determinar si los efectos se deben a la medicación o al síndrome subyacente. La mayoría de los pacientes aceptarán el tratamiento con naltrexona en la medida en que confíen en su eficacia, hecho al que puede contribuir de modo muy importante la información facilitada por el profesional sanitario.

En un gran estudio multicéntrico se encontraron efectos adversos de la naltrexona entre el 2 y el 10 % de los pacientes tratados. Tales efectos fueron: náuseas, vómitos, cefaleas, vértigos, fatiga, insomnio, nerviosismo y ansiedad. Debido a que estos efectos son generalmente transitorios e incómodos pero no peligrosos, se debe informar a los pacientes de este hecho, así como de que existen métodos para hacerles frente, a la vez que se resaltan los aspectos positivos del tratamiento. En este sentido, los autores del Consenso ORCA recomiendan las siguientes medidas:

– Los efectos adversos más comunes suelen aparecer en los primeros días del tratamiento y desaparecen generalmente en las dos primeras semanas. El apoyo y las palabras tranquilizadoras pueden ayudar a los pacientes a tolerar mejor esos efectos adversos transitorios.

– Debido a que los efectos adversos pueden empeorar durante la abstinencia de nicotina, los pacientes con hábito de fumar no deben tomar naltrexona inmediatamente después de despertarse. En general, el medicamento debe administrarse por la mañana con el desayuno, si bien la presencia de fatiga puede hacer aconsejable su administración nocturna.

– Las náuseas aparecen en el 10 % de los pacientes y pueden reducir el cumplimiento terapéutico. Para minimizar este efecto se aconseja ingerir el fármaco junto con alimentos ricos en hidratos de carbono, tales como tostadas, y nunca con el estómago vacío. Se puede administrar simultáneamente algún medicamento protector de la mucosa gástrica.

– Los pacientes pueden no ser capaces de distinguir entre los efectos comunes del síndrome de abstinencia de alcohol y los causados ocasionalmente por la naltrexona. Es importante animar a los pacientes y confirmarles que los síntomas mejorarán con el tiempo.

Desde el inicio del tratamiento se debería informar claramente, tanto al paciente como a sus familiares, sobre las posibles recaídas, así como de la actuación que debe seguirse ante las mismas. La actitud del profesional frente a una posible recaída ha de ser en todo momento de comprensión y ayuda, y nunca de recriminación. De igual modo, el paciente alcohólico y sus familiares deben tener muy claro que si dicha situación aparece, la actitud más adecuada sería la de demandar ayuda al profesional.

La reducción del consumo de alcohol en las fases iniciales del tratamiento puede constituir en algunos casos la primera respuesta terapéutica, considerando la abstinencia total como un objetivo a largo plazo.

El grupo de expertos que elaboran el Consenso ORCA señala también que sería muy adecuado incidir sobre los facultativos que traten con pacientes alcohólicos —independientemente de su especialidad— para potenciar un cambio de actitud terapéutica. En este sentido, los puntos más importantes serían:

– Mejorar la actitud del facultativo ante la recaída.
– Entender que el alcoholismo es una enfermedad crónica y como tal debe ser tratada, lo que implica un proceso largo y difícil en el que el enfermo ha de aprender a vivir sin la necesidad de beber.
– Entender que el objetivo final del tratamiento es la abstinencia completa, si bien es una meta de difícil consecución en muchos casos y resulta más efectivo proponer al paciente metas parciales de reducciones sucesivas del consumo de alcohol.

El tratamiento con naltrexona se debe mantener al menos durante un período de doce meses, aunque este tiempo podría variar en función de la evolución y situación del paciente. Dicho tiempo se puede distribuir del siguiente modo:

– Los tres primeros meses se dedicarán a que el paciente aprenda a manejar bien el programa de prevención de recaídas.
– Posteriormente se recomienda una abstinencia mantenida por parte del paciente de al menos seis meses.
– Por último, se recomienda una retirada gradual del medicamento, que podrá suponer por término me-

dio otros tres meses, valorando siempre y de forma continuada los cambios clínicos acaecidos en el paciente.

A la hora de evaluar la eficacia de un tratamiento antialcohólico, los criterios que deberán ser tenidos en cuenta según el Consenso ORCA son:

– Cumplimiento terapéutico adecuado por parte del paciente.
– Reducción significativa del consumo de alcohol.
– Reducción considerable del ansia de consumir alcohol *(craving)*.
– Mejoría de la calidad de vida:
  • Salud: impresión clínica global.
  • Familia.
  • Situación laboral.
  • Situación legal.
  • Situación mental.
– Abstinencia de otras sustancias de abuso.
– El objetivo final sería la consecución de la abstinencia total.

La familia podría y debería ser el lugar más idóneo para intentar la resolución de la mayoría de los casos de los más jóvenes. Quizá en ocasiones los padres necesiten del apoyo de algún gabinete de asistencia social o de psicología de los que ofrecen los ayuntamientos u otras entidades locales. La mejor medicina en éste, como en otros muchos problemas de parecida índole, es el afecto, el amor transmitido hacia la persona en dificultades, y el hacerle ver su auténtica valía. La familia es el único ámbito social en el que cada persona es querida y estimada por sí misma, sin que se le ofrezca la afectividad porque se espere recibir de ella ningún beneficio.

Es esencial separar al individuo del ambiente en que se desarrolla habitualmente su contacto con el alcohol:

pandilla de amigos, club de cualquier tipo, etc. En esto hay que ser drástico. Si no se consigue esa separación, todos los demás métodos de ayuda están de antemano condenados al fracaso, porque la tendencia a seguir con las actividades del grupo —entre las que se cuenta de forma primordial el consumo de alcohol— será más fuerte que las sugerencias en su contra que puedan hacérsele en la familia o en el centro asistencial.

Todos los procedimientos dirigidos a ayudar al sujeto a apartarse del alcohol deben ir acompañados, por la misma razón aducida en el punto anterior, de una oferta de actividades sustitutorias de las que conlleva el consumo de alcohol: actividades al aire libre, deportivas, culturales, sociales, de entretenimiento, que distraigan la atención del alcohol y hagan que la persona se sienta desinhibida y «realizada» sin necesidad de recurrir a la artificiosidad de una droga.

Una visión de conjunto, concisa pero suficientemente clara, de los aspectos principales del diagnóstico y del tratamiento es la que nos propone la Institución DeTOX (Instituto DeTOX / Apartado 24 / 29670 San Pedro de Alcántara (Málaga) / Tel.: 902 24 00 97 / E-mail: indetox@altavista.net / URL: http: // www.psy-net.net/detox) y que resumo a continuación:

Acerca del diagnóstico y el tratamiento

☞ **¿Cuándo se puede considerar que una persona es «alcohólica»?**

Decimos que una persona tiene *problemas con el alcohol* cuando continúa bebiendo a pesar de que el consumo de alcohol está interfiriendo de forma negativa en su vida, ya sea en su salud, en su equilibrio psicológico, en su trabajo, en su vida familiar, en su imagen social, etc.

☞ ¿Es el alcoholismo una enfermedad?

La dependencia del alcohol es, desde luego, un problema serio que afecta a la salud de la persona que la padece en el sentido más amplio de la palabra.

Más aún, es un problema que afecta a uno de los elementos esenciales del ser humano: la libertad.

La persona que desarrolla la dependencia del alcohol va perdiendo su capacidad de decidir si bebe o no bebe en determinadas situaciones, va perdiendo poco a poco el autocontrol de su propia conducta; en definitiva: va perdiendo su libertad.

Podemos, por tanto, considerarlo una enfermedad, porque afecta al equilibrio personal de quien la padece y de los que le rodean, y porque es necesario un tratamiento adecuado para recuperarse de la misma.

En cambio, no es una enfermedad corriente que se pueda *curar* tomando ciertos medicamentos, mediante una operación quirúrgica o algún otro procedimiento médico habitual.

☞ ¿Nacen las personas predispuestas hacia el alcoholismo?

Hay datos para pensar que no todas las personas reaccionan ante el consumo de alcohol de la misma forma. Sin embargo, esto no quiere decir que la dependencia del alcohol esté determinada por la genética.

Al igual que cuando varias personas toman el sol su piel reacciona de modo diferente, llevando a algunas a un agradable color dorado y a otras a quemarse en el mismo tiempo, existen diferencias individuales que hacen a algunas personas más sensibles al alcohol, y, por tanto, a que desarrollen dependencia con mayor facilidad.

De todos modos, cualquier persona que beba en exceso puede convertirse en adicta al alcohol en más o menos tiempo.

☞ **¿Qué es beber «moderadamente»?**

Consideremos una *unidad* de consumo de alcohol a la cantidad contenida en un vaso de vino, en una cerveza, en una copa de cava, vino dulce o jerez (aproximadamente 12 gramos de alcohol puro).

Las copas de licor: anís, whisky, coñac, ginebra, etc., o los combinados de estas bebidas equivalen a dos *unidades*.

Diversos estudios científicos establecen como límites máximos de consumo de alcohol los siguientes:

Sexo	Límite diario	Límite semanal
Varón	4	20
Mujer	3	15

Estos datos se refieren siempre a personas sanas que no hayan tenido previamente problemas con el alcohol, y no representan una seguridad absoluta de que no se vaya a tener problemas de salud o desarrollo de la dependencia alcohólica.

Cada vez que una persona supera estos límites está sometiendo a su organismo a un efecto negativo que altera su funcionamiento, y que puede conducirle al desarrollo de la dependencia del alcohol, o de otros problemas de salud derivados del efecto tóxico del alcohol en el cuerpo humano.

☞ ¿Se puede curar la dependencia del alcohol?

Sí y no.

Si entendemos la *curación* como la vuelta a una situación como la que tenía la persona antes de haber bebido su primer trago de alcohol, la respuesta es negativa. Una vez que se ha abusado del alcohol y se ha desarrollado la dependencia, siempre habrá unas alteraciones fisiológicas y de conducta que permanecerán más o menos latentes en el individuo.

Sin embargo, con una terapia adecuada, las personas pueden aprender a vivir sin alcohol de una forma totalmente saludable y equilibrada. Es decir, la dependencia se puede superar y la persona puede recuperar su libertad.

Al tratarse principalmente de una conducta que ha pasado de ser un hábito a ser una dependencia, es necesario un tratamiento psicológico que restituya a la persona su capacidad de autocontrol ante las situaciones, ya sean de presión social, de alteración emocional o de otro tipo, en las que anteriormente bebía.

☞ ¿Son todos los tratamientos iguales?

No. A lo largo de los últimos años se han ido desarrollando diferentes maneras de abordar el problema cuyas características son muy diferentes entre sí.

Una cosa es ingresar en un hospital psiquiátrico y otra acudir a una reunión de Alcohólicos Anónimos o Alcohólicos Rehabilitados.

No es lo mismo tomar Antabús® que tomar medicamentos ansiolíticos o naltrexona. Tampoco es lo mismo hacerse un psicoanálisis o someterse a acupuntura.

Antes de ponerse en tratamiento, o de recomendar a alguien que lo haga, infórmese cuidadosamente de las características del método de trabajo que sigue cada entidad, así como de los resultados terapéuticos que tiene.

☞ **¿Es necesario beber todos los días para ser un alcohólico?**

No. Muchas personas desarrollan una forma de dependencia que se manifiesta de forma intermitente.

Algunas veces el sujeto es capaz de no beber nada, tal vez durante días o semanas, o incluso de beber moderadamente. Pero esto no evita que en ocasiones beba de una forma descontrolada y que ello le traiga consecuencias negativas de toda índole.

☞ **¿Qué síntomas pueden indicar que una persona abusa del alcohol?**

Le mostramos a continuación algunos de los principales y más comunes síntomas que presentan las personas que tienen problemas con el alcohol.

La presencia de cualquiera de ellos hace recomendable la consulta del caso particular con un profesional especializado:

a) *Síntomas físicos:*
  – Beber grandes cantidades sin embriagarse.
  – Náuseas o vómitos al levantarse.
  – Pérdida de apetito.
  – Lagunas de memoria *(olvidar detalles de lo que se ha hecho o dicho).*

– Ligero temblor en las manos que se alivia al beber alcohol.
– Valores elevados en la enzima Gamma GT o en el Volumen Corpuscular Medio en un análisis de sangre.

b) *Síntomas psicológicos:*
– Sentimientos de culpabilidad, sobre todo a la mañana siguiente.
– Justificaciones del tipo de yo *lo dejo cuando quiera, todo el mundo bebe,* etc.
– Sentirse molesto cuando alguien le sugiere que no beba tanto.
– Intentos y promesas de no beber o de beber menos.

Anexos

Contenido de alcohol de las distintas bebidas alcohólicas

Para que esta tabla tenga utilidad práctica es necesario conocer el sistema por el que se puede detectar la concentración alcohólica en la sangre *(C)* de un sujeto en particular. Existe una fórmula matemática para ese cálculo conociendo los siguientes factores: *A* (cantidad de alcohol ingerida en gramos, que es la ingerida en centímetros cúbicos multiplicada por 0,8, factor de corrección por la densidad del alcohol etílico); la constante *r* (0,68 + 0,085 si se trata de un varón, y 0,68 − 0,085 si es una mujer, por el distinto volumen sanguíneo de uno y otro sexo); y el peso en kilogramos *(p)* de la persona. Esa fórmula se expresa de este modo:

$$C = \frac{A}{r \times p}$$

Pongamos un ejemplo:

Una persona de 70 kilogramos, varón, que haya tomado tres copas o combinados, algo muy habitual en cualquier reunión sobre todo juvenil de fin de semana, habrá ingerido 84 centímetros cúbicos de alcohol puro. Ahora hagamos las cuentas según la fórmula antedicha:

$$C = \frac{84 \times 0,8}{(0,68 + 0,085) \times 70} = \frac{67,2}{53,55} = 1,26 \ g/l$$

Es decir, una concentración sanguínea dos veces y media largas superior a la máxima permitida para la conducción de un vehículo a motor, en el que, sin embargo, muchas de esas personas se trasladarán de un lugar a otro durante las horas de diversión, con el riesgo que ello supone. Y repárese en que no he utilizado cantidades de bebida «exageradas», sino de lo más corriente en los usos de nuestra sociedad.

CERVEZA (5º)	ALCOHOL PURO (cc)
1 corto (100 cc)	5
1 caña (170 cc)	8,5
1 botellín $^1/_5$ (200 cc)	10
1 doble (280 cc)	14
1 botella $^1/_3$ (333 cc)	17
1 vaso grande (200 cc)	10
1 mini (1.000 cc)	50
SIDRA (5º)	
1 vaso pequeño (100 cc)	5
1 vaso grande (200 cc)	10
1 litro (1.000 cc)	50
VINO (12º; vino de mesa en general, champán y espumosos)	
1 chato (50 cc)	6
1 vaso de vino (100 cc)	12
1 vaso grande (200 cc)	24
$^1/_2$ botella (500 cc)	60
1 botella (750 cc)	90
APERITIVOS Y VINOS GENEROSOS (17º; vermut, bíter, etc.)	
1 copa (70 cc)	12,60
1 vaso (70 cc)	12,60
1 combinado (70 cc)	12,60
LICORES Y AFRUTADOS (23º; manzana, melocotón, etc.)	
1 copa (45 cc)	10,3

BRANDY Y LICORES (40°; brandy, ginebra, ron, etc.)	
1 copa (45 cc)	18
1 combinado (70 cc)	28
WHISKY (43°)	
1 medio (40 cc)	17
1 entero (70 cc)	30
1 doble (130 cc)	56
AGUARDIENTES (50°; vodka, aguardiente de hierbas, etc.)	
1 copa (45 cc)	25,5

Refranero del alcohol

La paremiología, como receptora de la sabiduría popular, es un campo de la cultura en el que podemos encontrar numerosos ejemplos de la visión que el pueblo llano ha tenido y tiene sobre el consumo de alcohol —casi en exclusiva del vino, dada la extracción social de la mayoría de los refranes, donde los otros tipos de bebidas o son desconocidos o no usuales—. Hallaremos aquí, junto a los elogios encendidos de las virtudes, algunas absolutamente innegables, de la bebida moderada, críticas y advertencias sobre el abuso de ese consumo.

En definitiva, el sentido común que subyace en el refranero considera al alcohol casi siempre como un amigo, pero no deja de observar que se trata de un amigo en cuya compañía nos tenemos que andar con cuidado. Sirva, pues, este pequeño centón de refranes para hacernos idea de hasta qué punto la cultura del alcohol está presente en el vivir cotidiano de las gentes y, con ello, de las serias dificultades con las que habremos de enfrentarnos a la hora de plantear un cambio de mentalidad en sociedades como la nuestra.

- A buen vino, no hay buen tino.
- A buen vino, no hay mal bebedor.
- A la carne, vino; y si es jamón, con más razón.
- A mala cama, colchón de vino.
- A mucho vino, no hay cabeza.
- A quien bebe, hablar no se debe.
- Aceite y vino, bálsamo divino.
- Agua de cepas y orinal te pondrán en el hospital.
- Al hombre viejo, vino nuevo.
- Amigo y vino, el más antiguo.
- Andar derecho y mucho beber no puede ser.

- Baco, Venus y tabaco ponen al hombre flaco.
- Bebe cada día vino añejo y me agradecerás el consejo.
- Bebe el agua a chorro, y el vino, a sorbos.
- Bebe vino cada día, pero nunca en demasía.
- Bebe, que te rías del vino; y déjalo antes de que se ría de ti el vino.
- Beber buen vino no es desatino; beber vinate, eso sí que es disparate.
- Beber buen vino no es desatino; lo que es malo es beber vino malo.
- Beber con medida alarga la vida.
- Beber hasta caer es de reprender; beber hasta tambalear tampoco es de aprobar; unos traguitos de cuando en cuando, y vamos andando.
- Beber para comer; y aun eso, sin exceso.
- Beberás y vivirás.
- Bebido con buenos amigos, sabe bien cualquier vino.
- Bebiendo se llama a la sed.
- Buen vino y buen pan, ellos se pregonarán.
- Buen vino y sopas hervidas le alargan al viejo la vida.
- Buen vino cría buena sangre.
- Cada día alguna vez, bebe vino de Jerez y tendrás buena vejez.
- Come, niño, y crecerás; bebe, viejo, y vivirás.
- Comida sin vino, comida a medias.
- Comida sin vino no vale un comino.
- Con el pez, vino de Jerez; con la morcilla, vino de Montilla; y antes de comer, unas cañitas de manzanilla.
- Con flor de pellejo resucita el viejo.
- Con vino añejo y pan tierno se pasa pronto el invierno.
- Cuando quieras nombrar un licor divino, di vino.

– Cuanto más bebo, más sed tengo.

– De vino aguado o agua envinada no me des nada.

– Deja el vicio por un mes, y él te dejará por tres.

– Del buen vino de Jerez, poquito cada vez.

– Del vino de Jerez, si tomas una copa, tomarás diez.

– Del vino malo, un cuartillo le sienta al hombre como un palo; pero si el vino es bueno, un cuartillo y de allí al cielo.

– Después de beber, cada uno dice su parecer.

– Después del arroz, pescado y tocino, beba buen vino.

– Dice el borracho todo lo que tiene en el papo.

– Dijo el sabio Salomón que el buen vino alegra el corazón.

– Dijo la leche al vino: «Seáis bienvenido, amigo; pero no uséis mucho este camino».

– Dijo san Pablo que el vino lo hizo Dios, y la borrachera, el diablo.

– Do entra beber, sale saber.

– Donde el vino entra, la razón mengua.

– Donde el vino entra, la razón se ausenta.

– Donde el vino entra, la verdad sale.

– El bebedor fino a sorbitos bebe el vino.

– El buen mosto sale al rostro.

– El buen vino alegra el corazón del hombre.

– El buen vino alegra los cinco sentidos: la vista, por el color; el olfato, por el olor; el gusto, por el sabor; el tacto, por lo que agrada coger el vaso; y el oído, en el brindar, por el tintín de los vasos al chocar.

– El buen vino añejo hace hombre al niño y remoza al viejo.

– El buen vino no merece probarlo quien no sabe paladearlo.

– El buen vino de sí propio es padrino.

– El buen vino hace mala cabeza.

- El consejo del buen padre capuchino: «Con todo lo que comas, vino».
- El ebrio y el demente son dos ausentes.
- El español fino con todo bebe vino.
- El hombre ladino no bebe vino.
- El vino alegra el espíritu.
- El vino alegra el ojo, limpia el diente y sana el vientre.
- El vino aplaca el hambre.
- El vino bueno es caro, y el malo hace daño.
- El vino bueno sale al rostro y sube al cerebro.
- El vino con agua es salud del cuerpo y del alma.
- El vino da fuerzas, y el vino las quita.
- El vino más bueno, para quien no sabe mearlo, es un veneno.
- El vino no pruebe quien mal vino tiene.
- El vino puro dirá quién es cada uno.
- El vino y la mujer el juicio hacen perder.
- El vino, comerlo y no beberlo.
- El vino, en la botica.
- El vino, quien no sepa mearlo, no debe catarlo.
- En bebienda y comienda, ponte rienda.
- En el vino está la verdad *(In vino veritas)*.
- Hay muchos bebedores que no merecen más nombre que el de tragadores.
- La bebida moderada es salud para el cuerpo y alegría para el alma.
- La beodez mal está en la mocedad; pero peor en la vejez.
- Más vale vino maldito que agua bendita.
- Ni con cada sed el jarro, ni con cada divieso el cirujano.
- Ni fiesta sin vino, ni olla sin tocino.
- Ni mesa sin vino, ni sermón sin agustino.
- No puede ser andar derecho y mucho beber.

- Pan de días dos, vino de años tres, y Venus cada mes.
- Pan que sobre, carne que baste y vino que falte.
- Pan y vino, para el camino.
- Pan, vino y carne crían buena sangre.
- Para conservar el conocimiento, vete al vino con tiento; pero si el vino es de Jerez, perderás el tiento alguna vez.
- Para que el vino sepa a vino, se ha de beber con un amigo.
- Puerco fresco y vino nuevo, cristianillo al cementerio.
- Quien bebe poco bebe más.
- Quien del vino habla sed tiene.
- Quien hubiere buen vino no lo dé a su vecino.
- Riñe cuando debas, pero no cuando bebas.
- Si quieres que el vinillo no te haga daño, échale un remiendillo del mismo paño.
- Sin pan ni vino, Venus tiene frío.
- Sopa en vino no emborracha, pero agacha.
- Tabaco, mujer y vino, con tino.
- Tabaco, vino y mujer dañan a la juventud; pero tomados con regla son para el hombre salud.
- Tabaco, vino y mujer echan el hombre a perder.
- Todo el que bebe licores sufrirá mil sinsabores.
- Tras lo crudo, vino puro.
- Tras tocino, vino.
- Tras todo, vino; pero no sigas el camino.
- Vino añejo, leche es para el viejo.
- Vino bueno, no hay mejor beleño. (El beleño es una planta cuyo cocimiento se utiliza como inductor del sueño.)
- Vino y verdad no pueden juntos estar.
- Vinos y amores, los viejos son los mejores.
- Yo poco bebo; mas quiérolo bueno.
- Yo te perdono el mal que me haces, por lo bien que me sabes.

Algunos modelos publicitarios de educación sanitaria sobre alcohol y salud

Los que aquí se reproducen son básicamente los modelos propuestos por la Consejería de Salud de la Comunidad de Madrid, así como alguno de los utilizados por la Dirección General de Tráfico y por el Ministerio de Sanidad y Consumo.

- *Si alguna vez has pensado que deberías beber menos, es que ya estás bebiendo demasiado.*
- *Beber no es vivir.*
- *Hablemos con los otros*
  En el trabajo, en la familia..., en la vida, surgen con frecuencia problemas a los que debemos enfrentarnos. A veces creemos que la solución está en el alcohol; la realidad es que así añadimos un conflicto más a los existentes. Ante las dificultades, no guardemos silencio.
- *Acaba bien la noche*
  El fin de semana es una buena ocasión para salir con los amigos y divertirse. Si bebes en exceso, el alcohol puede jugarte una mala pasada y arruinarte la noche.
- *Una buena razón*
  Cada vez se sabe más sobre las consecuencias negativas del alcohol durante el embarazo. Abstenerse de beber en este período favorece el tener hijos más sanos. Merece la pena.
- *Si llevas a tu hijo muy dentro, deja fuera el alcohol*
  No hay nada como un hijo para llenar la vida de una madre. Por eso, si le quieres, bien puedes abs-

tenerte de beber alcohol durante tu embarazo. Con ello conseguirás hijos más sanos. Y ellos, una madre igualmente sana. Si le llevas tan dentro como él te lleva a ti, deja el alcohol fuera de esto.

– *Variaciones de verano*
El verano es una época en la que todos bebemos más. El tiempo libre y el calor nos invitan a ello. No combines siempre el alcohol. Hay otras bebidas refrescantes que también son agradables. Varía un poco.

– *Tu trabajo te cuesta*
Buena parte de los accidentes de trabajo están relacionados con el consumo de alcohol. Para prevenirlos, piensa que la moderación es importante tanto dentro como fuera del horario de trabajo.

– *El alcohol no cura todas las heridas*
Cuando se trata de aliviar la soledad o solucionar los quebraderos de cabeza producidos en el trabajo, en los estudios o en casa, el alcohol sólo anestesia. Pero no cura.

– *El coche sin gasolina no anda. Con alcohol, ni lo arranques.*

– *Si conduces, no bebas. Si bebes, no conduzcas.*

– *Si vas como una «moto», no cojas el coche*
Tu cuerpo es también una máquina. Una máquina que puede fallar y bloquearse si introduces demasiado alcohol en su mecanismo. Cuando tengas que conducir, pon freno a la bebida o ella te parará los pies cuando menos lo esperes, disminuyendo tus reflejos y aumentando tu tiempo de reacción. Antes de ponerte al volante de una máquina de hierro recuerda que la tuya es de carne y hueso.

Algunas direcciones de interés para quien busca ayuda

Alcohólicos Anónimos (AA)
Oficina de Servicio General
Avda. de Alemania, 9, 3.º izda.
33400 Avilés (Asturias)
Tel.: 98 556 63 45

ÁLAVA
Área 18.ª AA
Apartado 1.663
01080 Vitoria
Tel.: 945 25 04 17

ASTURIAS
Área 2.ª AA
Apartado 559
33400 Avilés (Asturias)
Tel.: 98 551 16 91

BARCELONA
Área 6.ª AA
Apartado 505
08080 Barcelona
Tel.: 93 317 77 77

BURGOS
Área 20.ª AA
Apartado 2.009
09080 Burgos
Tel.: 947 23 65 52

CÁDIZ
Área 19.ª AA
Apartado 44
11100 San Fernando (Cádiz)
Tel.: 956 89 74 01

CANTABRIA
Área 13.ª AA
Apartado 308
39080 Santander
Tel.: 942 23 27 23

GUIPÚZCOA
Área 3.ª AA
Apartado 400
20300 Irún (Guipúzcoa)
Tel.: 943 61 93 38

LA RIOJA
Área 4.ª AA
Apartado 1.301
26003 Logroño
Tel.: 941 25 13 39

LAS PALMAS DE GRAN CANARIA
Área 11.ª AA
Apartado 2.598
35080 Las Palmas de Gran Canaria
Tel.: 928 20 26 38

MADRID
Área 7.ª AA
Augusto Figueroa, 17
28004 Madrid
Tel.: 91 532 30 30

MÁLAGA
Área 10.ª AA
Apartado 5.183
29080 Málaga
Tel.: 95 221 82 11

MURCIA
Área 15.ª AA
Apartado 4.108
30080 Murcia
Tel.: 968 26 80 26

PALMA DE MALLORCA
Área 14.ª AA
Apartado 1.086
07080 Palma de Mallorca
Tel.: 971 46 25 86

PAMPLONA
Área 17.ª AA
Apartado 6
31080 Pamplona
Tel.: 948 24 24 44

PONTEVEDRA
Área 1.ª AA
Apartado 195
36080 Vigo (Pontevedra)
Tel.: 986 43 05 28

SANTA CRUZ DE TENERIFE
Área 12.ª AA
Apartado 1.177
38080 Santa Cruz de Tenerife
Tel.: 922 22 03 39

SEVILLA
Área 9.ª AA
Apartado 7.063
41080 Sevilla
Tel.: 95 457 26 61

VALENCIA
Área 8.ª AA
Apartado 1.053
46080 Valencia
Tel.: 96 391 71 60

VIZCAYA
Área 16.ª AA
Apartado 772
48080 Bilbao
Tel.: 94 415 07 51

ZARAGOZA
Área 5.ª AA
Apartado 7.179
50080 Zaragoza
Tel.: 976 29 38 35

Alcohólicos Rehabilitados-Asociación Madrileña (ARAM)
Tracia, 6
28037 Madrid
Tel.: 91 304 14 03

Asociación de Jóvenes Alcohólicos Rehabilitados (AJAR)
(hasta veinticinco años)
Ayala, 94
28006 Madrid

Asociación Española contra el Alcoholismo y las Toxicomanías
Aribau, 72
08036 Barcelona

Ex Alcohólicos Españoles
Alonso Heredia, 19
28028 Madrid
Tel.: 91 726 60 53

Federación de Alcohólicos de la Comunidad de Madrid (FACOMA)
Ayala, 94, 1.º 6
28001 Madrid
Tel.: 91 577 95 20

Federación Nacional de Alcohólicos Rehabilitados de España (FARE)
Plaza de los Mostenses, 7, 3.º B
28015 Madrid
Tel.: 91 541 32 79

Instituto DeTOX
Apartado 24
29670 San Pedro de Alcántara (Málaga)
Tel.: 902 24 00 97
E-mail: indetox@altavista.net
URL: http://www.psynet.net/detox

Direcciones de Internet

Dada la creciente importancia de Internet como medio de comunicación e información sobre casi cualquier tema, se recogen aquí algunas de las direcciones en las que se pueden encontrar datos sobre el alcohol, su consumo, su abuso, así como ayuda para los enfermos y los familiares de éstos.

Addiction Research Foundation
http://www.arf.org/
Alconline
http://www.mic.ki.sei/
Alcoholics Anonymous
http://www.recovery.org/aa/
Alcoweb
http://www.alcowebcom/
Drug Abuse Warning Network
http://www.health.org/pubs/dawn
Food and Drug Administration
http://www.fda.gow/fdahomepage.htm/
Fundación Cerebro y Mente
http://www.cermente@mad.servicom.es/
Fundación de Ayuda contra la Drogadicción
http://www.fad.es/
National Institute for Alcohol Abuse and Alcoholism (NIAAA)
http://www.niaaa.nih.gov/
National Institute on Drug Abuse
http://www.nida.nih.gov/
Plan Nacional sobre Drogas
http://www.mir.es/pnd/
Socidrogalcohol
http://www.socidrogalcohol.org/

Sociedad Española de Toxicomanías
   http://www.setox.org/
World Health Organization (WHO)
   http://www.who.ch/

Otras direcciones de interés son las siguientes:
- Las preguntas más frecuentes sobre alcohol y drogas
  http://www.fad.es/doc/fag.htm
- La situación en España
  http://www.fad.es.doc.htm
- Información general
  http://www.arrakis.es/iea/ayuda.htm
- Criterios básicos de intervención preventiva
  http://www.mir.es/pmd/doc/area/prevenci/criterio/
       criterio.htm
- Alcohol, drogas y circulación
  http://www.arrakis.es/iea/trafico.htm
- Orientación para padres
  http://www.arrakis.es/iea/padres/padres.htm
- Orientación para menores
  http://www.arrakis.es/iea/kids/kids.htm
- Prevención familiar
  http://www.mir.es/pnd/doc/area/prevenci/familia/
       indice.htm
- Encuentros Nacionales sobre Drogodependencias y su enfoque comunitario
  IV (1997) http://www.fad.es/public/ch97/ch97-
       i.htm
  V (1998) http://www.fad.es/public/ch98/ch98-i.htm
- Servicios sociales
  http://www.mir.es/pnd/doc/publicac/pfam.pdf
- Información para profesores
  http://www.arrakis.es/iea/profes/profes.htm

- Prevención escolar
  http://www.mir.es/pnd/doc/area/prevenci/escolar.htm
- Centro de Documentación del Plan Nacional sobre Drogas
  http://www.mir.es/pnd/doc/document/centro.htm
- Legislación estatal y autonómica del Plan Nacional sobre Drogas
  http://www.mir.es/pnd/doc/document/legislac.htm
- Fundación de Ayuda contra la Drogadicción (FAD)
  http://www.fad.es/index.htm
- Instituto de Investigación de Drogodependencias (INID)
  http://www.medicina.umh.es/inid/inid.htm
- Instituto para el Estudio de las Adicciones (IEA)
  http://www.arrakis.es/iea/pvs.htm
- Teléfono de ayuda de la Fundación de Ayuda contra la Drogadicción (FAD)
  http://www.fad.es/activi/telefono.htm

Teléfono de ayuda: 900 16 15 15 (ofrece atención durante todos los días del año de 9 a 21 horas).

Puntos programáticos de INESIBA

La Asociación Instituto Español de Investigación sobre Bebidas Alcohólicas (INESIBA) es una entidad constituida por personas que ostentan cargos directivos de alta responsabilidad en la industria de bebidas alcohólicas, para realizar estudios —colaborando con médicos, investigadores y científicos— sobre la ingesta de estas bebidas.

Estos estudios son abordados desde diversos ángulos: médico, psicosociológico, económico, etc.

Con esta finalidad nació la Asociación Instituto Español de Investigación sobre Bebidas Alcohólicas (INESIBA), que está estructurada a imagen y semejanza de entes ya existentes en otros países, como *Arbeitskreis Alkohol* (Alemania), *Distilled Spirits Council of the United States* (Estados Unidos), *Institut de Recherches Scientifiques, Economiques et Sociales sur les Boissons* (Francia), *Wine and Spirit Association* (Gran Bretaña), *Nutrition Foundation of Italy* (Italia).

En general, la «filosofía» que representa INESIBA puede recogerse en la expresión que Paracelso manifestó ya en el siglo XVI: *Dosis facit venenum...,* sin tener en cuenta la coloración, procedencia o clase de la bebida, pues, contrariamente a la opinión general, hay aproximadamente la misma cantidad de alcohol en las diferentes bebidas que habitualmente se consumen, en virtud de que el contenido de los vasos o copas es inversamente proporcional al grado alcohólico. En una palabra, alcohol = alcohol.

INESIBA pretende actuar en concordancia, de manera muy estrecha y sincera, con aquellas organizaciones tanto dependientes de los poderes públicos como de las diferentes entidades privadas nacionales e internacionales que se preocupan por esta temática, fomentando el intercambio de información y documentación.

INESIBA piensa poder contribuir a aclarar la problemática derivada de la ingesta de bebidas alcohólicas mediante diversas acciones:

1. Con un centro de documentación sobre el alcohol.
2. Con estudios sociológicos y psicológicos.
3. Con estudios científicos, en particular biológicos y médicos.

En el cumplimiento de sus fines, INESIBA organizará simposios, seminarios, cursillos, conferencias, etc.

Los resultados de los trabajos e investigaciones que realice o patrocine INESIBA serán puestos a disposición de los organismos estatales y organizaciones privadas que puedan obtener alguna utilidad de su examen.

INESIBA prestará una especial atención, igualmente, a divulgar las investigaciones y estudios realizados en el extranjero en este campo.

INESIBA ha sido creada, en definitiva, para responder a la necesidad de conocimiento, de componentes múltiples, que origina la ingesta de bebidas alcohólicas, y, si bien sus primeros objetivos son limitados, está destinada a evolucionar hacia una mayor complejidad e importancia.

INESIBA es consciente de que su eficacia no será real sin una colaboración estrecha y constante con los poderes públicos, los medios científicos y médicos y los órganos de prensa y demás medios de información.

INESIBA, insistimos, establecerá relaciones con los sectores citados en beneficio de un mayor conocimiento de la temática alcohólica.

Bibliografía

La siguiente bibliografía no es, ni mucho menos, exhaustiva sobre el amplio campo del alcoholismo. Innumerables trabajos utilizados para la elaboración de este libro están recogidos en publicaciones de estricta difusión en los ámbitos científicos, médicos o de las distintas profesiones que se ocupan del problema personal y social del consumo de alcohol. Otros aparecen en actas de congresos o reuniones y tienen la misma restricción a la hora de que un lector no especialista quiera tener acceso a ellos. Por eso me limito a ofrecer una reseña que para cualquier técnico podrá merecer la justa crítica de menguada y, desde luego, la de excluir muchas obras dignas de mención. Pero mi único interés es despertar el de los lectores de este libro, y a tal fin sólo citaré las obras que estén a su fácil alcance.

Sinceramente creo preferible entreabrir algunas puertas y dar con ello unas pautas para ampliar conocimientos antes que atosigar con un cúmulo de referencias que de seguro no harían sino desperdigar la atención.

ARANA AMURRIO, J. I. de, *Los jóvenes y el alcohol*, Ediciones Palabra, Madrid, 1997.

BRAVO ABAD, F., y BRAVO PLASENCIA, J. M., *Consumo moderado de bebidas alcohólicas: salud y civilización*, INESIBA, Madrid, 1993.

CABRERA BONET, R., y TORRECILLA JIMÉNEZ, J. M., *Manual de drogodependencias*, Publicado con el patrocinio de la Delegación del Gobierno para el Plan Nacional sobre Drogas y la Agencia Antidroga de la Comunidad de Madrid, Cauce Editorial, Madrid, 1998.

COMISIÓN EUROPEA, DIRECCIÓN GENERAL V, *Problemas por el alcohol en la familia. Informe para la Unión Europea*, Agencia Antidroga de la Comunidad de Madrid, 1999.

CUBAS COVA, E.; VALDEMOROS GRIJALBA, L., y REVUELTA DUGNOL, P., *¿Cómo se lo digo yo a mis alumnos? Adolescencia y bebidas. Consideraciones para los maestros*, INESIBA, Madrid, 1993.

CUEVAS BADENES, J., y SANCHÍS FORTEA, M., *Tratado de Alcohología*, editado con la colaboración de Laboratorio DuPont Pharma, Madrid, 2000.

DELEGACIÓN DEL GOBIERNO PARA EL PLAN NACIONAL SOBRE DROGAS, *Encuesta domiciliaria sobre consumo de drogas, 1997*, Madrid, 1999.

DIRECCIÓN GENERAL DE PREVENCIÓN Y PROMOCIÓN DE LA SALUD, *Alcohol y salud. Informe sanitario dirigido a la comunidad escolar. Documentos Técnicos de Salud Pública, n.º 5*, Consejería de Salud de la Comunidad de Madrid, 1992.

DIRECCIÓN GENERAL DE PREVENCIÓN Y PROMOCIÓN DE LA SALUD, *La cultura del alcohol entre los jóvenes de la Comunidad de Madrid. Documentos Técnicos de Salud Pública, n.º 9*, Consejería de Salud de la Comunidad de Madrid, 1992.

DIRECCIÓN GENERAL DE SALUD PÚBLICA, *Alcohol y salud pública. Serie de Informes Técnicos, 1*, Ministerio de Sanidad y Consumo, 1994.

El alcohol te dejará solo, Programa Extremeño sobre Dogodependencia, Junta de Extremadura.

FUERTES ROCAÑÍN, J. C., *El alcohol, «una droga muy dura»*, Delegación del Gobierno para el Plan Nacional sobre Drogas y Agencia Antidroga de la Comunidad de Madrid, 1998.

GARCÍA JIMÉNEZ, M. T., *Estudio sobre el consumo juvenil de bebidas alcohólicas en la Comunidad de Madrid,*

Ministerio de Sanidad y Consumo, Instituto de Salud Carlos III, Comunidad de Madrid, Consejería de Integración Social, Madrid, 1993.

GONZÁLEZ-RUANO GÓMEZ, E., y GONZÁLEZ-RUANO CAMPOS, J. E., *Corazón y consumo de bebidas alcohólicas*, INESIBA, Madrid, 1991.

ICSA-GALUP, *Estudio del consumo de bebidas alcohólicas por la población adulta española*, Dirección General de Salud Pública, Ministerio de Sanidad, Madrid, 1981.

«Hábitos de salud en la población juvenil de la Comunidad de Madrid, 1 M.T.998», *Boletín Epidemiológico de la Comunidad de Madrid*, n.º 20, octubre 1998, vol. 5.

«Hábitos de salud en la población juvenil de la Comunidad de Madrid, 1999», *Boletín Epidemiológico de la Comunidad de Madrid*, n.º 6, noviembre-diciembre 1999, vol. 6.

JORNADAS INTERNACIONALES FUNDACIÓN VALGRANDE, *Síndrome Alcohólico Fetal*, Madrid, 1985.

Newsletter. Salud Global, Suplementos ORCA, Publicado por *Aula Médica* para el laboratorio DuPont Pharma, Madrid, mayo 2000.

OBSERVATORIO ESPAÑOL DE LA DELEGACIÓN DEL GOBIERNO PARA EL PLAN NACIONAL SOBRE DROGAS, *Informe 1*, Madrid, 1998.

OBSERVATORIO ESPAÑOL DE LA DELEGACIÓN DEL GOBIERNO PARA EL PLAN NACIONAL SOBRE DROGAS, *Informe 2*, Madrid, 1999.

PASCUAL FAURA, M., *Niños y adolescentes ante el consumo de bebidas. Consideraciones para los padres*, INESIBA, Madrid, 1993.

PERNÍA LLERA, L., *Mujer, bebidas alcohólicas y embarazo*, INESIBA, Madrid, 1993.

PINILLOS DÍAZ, J. L., *La bebida humana*, INESIBA, Madrid, 1988.

Reglas de oro sobre el consumo de bebidas, INESIBA, Madrid, 1991.

RUBIO VALLADOLID, G., y BLÁZQUEZ BLANCO, A., *Guía práctica de intervención en el alcoholismo*, Agencia Antidroga, Consejería de Sanidad, Comunidad de Madrid, Ilustre Colegio Oficial de Médicos de Madrid, 2000.